探求のススメ

教室と世界を
つなぐ学び

宮地勘司

教育開発研究所

はじめに

私は教育者ではありません。教育事業をつくる起業家です。今までこの世になかった教育事業を新たにつくり、起業しました。

私の会社は、教育と探求社といいます。中学生・高校生が学校の授業のなかで、現実社会の多様なテーマに探求的に取り組むことで、自分自身のあり方、生き方、働き方について考えていく教育プログラムを提供しています。

生徒が取り組むテーマは、企業活動、社会課題、夢を成し遂げた先人たち、スタートアップ、地域づくりなど、さまざまです。教室の壁を越えて生徒が現実社会とつながり、すでにある正解ではなく、自分自身にとっての正解を見つけていく探求的な学びは、子どもたちを興奮させ、驚かせ、葛藤させ、いきいきと輝かせます。そして、一度そのプロセスを体験した子どもたちは学び方が変わり始めます。自分と世界のかかわり方が変わるのです。

教育と探求社をつくるまで、私は日本経済新聞社という会社で働いていました。新聞社で17年間働き続けたのは、日々、多様に変化する社会のダイナミズムと連動した仕事がおもしろくて仕方がなかったからです。

それでも、2004年秋、私は新聞社を辞めて教育と探求社を立ち上げることにしました。新聞社で私自身が経験してきた現実社会の躍動とわくわくを教室に持ち込んだら、きっとすごいことが起きると考えてのことです。

子どもたちが社会とダイレクトにつながることで、それまで眠っていた彼ら、彼女らの内なる力が目覚め、自ら主体的に学び始めるのではないか。取り付く島もないように硬直化して見えるこの社会を、自分の考えや行動で少しでも変えていけると思う子どもたちが育つのではないか。もしそうだとしたらこれほどおもしろいことはない――そう思いました。

教育と探求社が生まれる2年前の2002年、いわゆる「ゆとり教育」を推進する学習指導要領がスタートしました。学校が週5日制になり、小・中学校の学習内容は3割削減されました。

この時代に育った若者を「ゆとり世代」などと揶揄することもある「ゆとり教育」ですが、私は、間違ったものだったとは今も思っていません。ぎっちりとぎゅうぎゅうに詰め込まれた時間割を少しゆるめることで新たに生まれる時間的ゆとり、心のゆとりを使って、子どもたちの興味・関心、学ぶ意欲を喚起し、より主体的、創造的に学んでいこうという考えはまったく本質的なものだと思っています。

ただ、取り組む現場の先生たちへの十分な説明や支援が不足したまま、あまりにも急激に導入されたことで多くの学校で混乱が生じていたのは事実でした。

「ゆとり教育」の目玉のひとつに、総合的な学習の時間がありました。その趣旨は、国際理解、情報、環境、福祉・健康などの教科横断的なテーマを体験的に学び、職業観の育成、自己の在り方・生き方について考えるような学習を、先生たちが独自に考えて実践してください、というものです。

しかし、当時新聞などで報じられていた実践は、町中で空き缶を拾って環境学習、老人ホームを慰問して福祉体験、外国人に教室でスピーチをさせて国際理解といったもので、いかにも付け焼き刃な印象でした。

子どもたちにとっては、ただ座って受ける通常の授業よりは変化があって楽しそうだし、確かに体験ということにおいては何らかの学びは得ていたでしょう。しかし、文部科学省（以下文科省）の言う「変化の激しい社会に対応して、自ら課題を見付け、自ら学び、自ら考え、主体的に判断し、よりよく問題を解決する資質や能力を育てる」（文科省ＨＰより）という目的に照らしてみれば大いに疑問も残りました。

確かによく考えてみれば、先生自身が子どもの頃にそのような教育を受けた経験もなく、ましてや社会にあるリアルな題材を扱い、教科横断的、体験的に学ぶカリキュラムを自分たちの手でつくるというのは、多くの先生にとって未体験ゾーンです。突然そんなことを言われても、と不安になるのは仕方のないこと。うずくまる先生、反発する先生も多くいました。

私は、先生方をサポートすることで、この教育改革の流れを民間の力でも後押しできないだろうかと考えました。その頃はまだ日本経済新聞社の社員でしたから、新聞社の事業としてこのことに取り組もうと思いました。新聞社が持つ多種多様な情報資源とネットワークを活用すれば、教育現場が抱える課題を解決できるのではないか、現実社会の複雑さやおもしろさを題材に子どもたちが主体的に学ぶプログラムを学校現場に提供すれば、先生方の支援になるのではないかと考えました。

バブルが弾け停滞する社会の中でどこかうつむき加減の子どもたちに、テストの点数や偏差値ばかりを追い求める教育ではなくて、誰もがほんとうは自分の真ん中に持っている「生きる力」を自分の力で掘り起こし、存分に花開かせることができるような学びを届けたい。そう思いました。

私は新聞社のなかで教育事業を興すために、さまざまに活動を始めました。オリジナルの教育プログラムを自分たちでつくり知り合いの先生に協力してもらい実験授業を行ったり、その授業の様子を収録した動画を新聞社の経営幹部に見せてプレゼンしたり、徹夜してつくりあげた教育事業の事業計画書を持ち歩いては起業家や経営観点を持った人に相談をしてアドバイスを受けたり。

しかし、当の新聞社の幹部はいくら説明しても動く気配はなく、しびれを切らした私は外の企業から資本を集めて日経とジョイントベンチャーで教育の新会社をつくろうと腹を固めました。

当時、日本政府が掲げるe-Japanという構想がありました。高速大容量回線で日本中をつなぎ、電子政府やあらゆるサービスをオンラインで提供する日本型のＩＴ社会の実現を目指すものです。私は、学校をブロードバンドネットワークでつなぎ、そこに日経が持つ情報資源を流し、現実社会とつながるダイナミックな学びを実現しようと考えました。システム系、キャリア系の大手企業に声をかけ、日経と新しい会社をつくろうと提案したところ前向きな返事が得られたので、ある日、日経の副社長に直談判しました。直属の部長や局長を何段階も飛び越えてのことですから、普通のサラリーマンの枠を完全にはみ出した行動です。それでも、私がこれからやろうとする仕事は今の日本に絶対に必要なものである、そして日経という会社の未来にとっても絶対に価値あることであるという確信があったので、ひるむことはありませんでした。

起きている時間のほとんどは教育事業のことばかり考えるようになりました。副社長の強力な後押しがあって、2003年3月、日経の社内に教育開発室という新たな部署がつくられることになりました。一介の平社員の提案で日経社内に新しい部署ができたのは、長い歴史のなかでもおそらく初めてのことだったと思います。私はいよいよ自分が描いてきた教育事業に本格的に取り組めると思うと、うれしくもあり、同時に身の引き締まる思いでした。

しかしその頃、日経の社内で問題が立ち上がりました。社員記者が当時の社長の経営に問題ありとして、株主代表訴訟で社長を訴えたのです。長期政権で大きな影響力を持っていた社長は退任し、社内のガバナンスは混乱しました。とても会社として新しい教育事業を押し進められるような状況ではなくなってしまいました。

私が提供しようとしていた教育プログラムには、学校や先生方からの支持や期待がすでにありましたが、日経の経営サイドからは、状況が状況であり、教育事業はいったん撤収して見直すよう要請がありました。

私は2ヵ月の間苦悩しました。教育事業をあきらめて新聞の仕事にもどるのか、それとも会社を飛び出して教育事業を立ち上げるのか。41歳の本厄の年です。二人の子どもと住宅ローンを抱えて、会社を辞めてもやっていけるだろうかと、大きな不安もありました。

しかし、ここで後ずさってては死ぬときにきっと後悔する、どうせ後悔するならやってから後悔しよう、と思い、会社を辞して、起業する道を選びました。

２００4年11月、私は日本経済新聞社を退社し、教育と探求社を設立しました。そして、その翌年05年4月、生徒が自ら探求する教育プログラム「クエストエデュケーション（以後クエスト）」を全国の中学・高校に向けて送り出しました。初年度は、関東、関西の公立、私立の学校20校に導入され、そこからクエストの一歩が始まりました。

創業から今日まで、私の持てる情熱のすべてをクエストに注ぎ込んできました。多くの先生方と生徒たち、教育に思いを持つ多くの皆さんの応援、支援のおかげで、なんとかここまでやってくることができました。今では２０0校を超える中学・高校の正規の授業の時間にクエストが導入されるようになりました。3万人を超える生徒が、年間を通して、または学期のなかでクエストに取り組んでいます。これまでにクエストで学んだ生徒たちの累計は22万人を超えました。

2020年度から新しい学習指導要領が本格的に始動しています。社会に開かれた教育課程、「主体的・対話的で深い学び（アクティブ・ラーニング）」の実践、教科等横断的な視点に立ち、自ら考える力、表現する力、学びに向かう力や人間性を育むことに主眼が置かれています。

私は今回の改訂は、「ゆとり教育」で登ろうとして登りきれなかったあの山をもう一度登るということだと理解しています。社会とつながり、学び手である子どもたちが中心に立ち、正解のない課題に仲間と協力して取り組む。そんな学びが始まるのだと思いました。

そして2022年度からは、高校の教育課程に「総合的な探究の時間」が導入されます。文科省は、「究める」という字を使う「探究」を提唱しています。「探究」とは、物事を深く追求してその本質を見極めること、英語で言えばinquiry、またはresearchです。学校教育であれば当然の考えだと思います。私たち教育と探求社も「企業探究コース」「社会課題探究コース」とテーマを定めて学ぶコースのタイトルには「探究」を使っています。

一方で私たちが世の中に提供しているプログラムの名前は、「クエストエデュケーション」。「探求」という名前のプログラムです。「探求」とは探し求めること、どこに行けばそれが手に入るのか、それがどんなものなのか、もしかすると手に入れてみないとわからないかもしれません。自ら問いを放ち自らその答えを求める。そんな学びを提案したいと思っています。

そもそも人生においては目的もゴールも、誰も教えてくれません。自ら探し求め、自ら見つけていくより他にありません。それはまさに「クエスト」の旅です。

私は、子どもたちに学校教育のなかでそのことを始めてほしい。生涯続く探求のエンジンを今のうちから回し始めてほしいのです。そんな願いを込めてこの本のタイトルに『探求のススメ』とつけさせていただきました。

『学問のすゝめ』は、明治維新後の日本人に近代民主主義国家の市民としての意識改革を促す啓発書でした。幕末、戦後に続いて第三の開国と言われる今、一寸先が見えない時代のなかで、私たちは何を学べばいいのか、本書がそのヒントとなれば幸いです。

社会は大きく変わり、教育現場も大きく変わろうとしています。コロナ禍がそれに拍車をかけています。全国一斉休校要請や学校でのオンライン授業、生徒一人一台のデジタル端末があっという間に配備されるなど、これまでの教育界にはなかったことです。

私は、ひとりでも多くの先生が、この大きな学びの変革期を前向きに捉えて、自分らしく新しいチャレンジをすることを願っています。それは、新たな教育の手法や指導技術を学ぶということよりも、もしかしたら自らの教育観を更新してみるということかもしれません。

これまで自分が当たり前だと思ってきたことを手放して、少しだけ前に踏み出してみる。いつもとは違うことに取り組んでみる。新しい人や新しい領域に関心を持って触れてみる。そのことで自分の意識が変わることを感じるかもしれません。先生の考え方や意識がほんの少し変わるだけで、教室は劇的に変わります。そんな場面をこれまで何度も目撃してきました。

私はこの本で、クエストを導入し、探求の実践で変化した学校や教師の事例をいくつか紹介したいと思います。文武両道の大規模私立高校、日本でもトップレベルの進学校、軽度の知的障害のある子どもたちが通う特別支援学校、地域の企業と学校を巻き込み新たな学びの仕組みを生み出した元校長先生の取り組みと、事例は実に多様です。学びのありようも、生徒に起きた変化もそれぞれ異なります。しかし、いずれのケースもその変化を支えたのは、先生の教育観のシフトであり、そのきっかけとなったのが「探求」です。生徒の探求は教師を変え、教師の探求は生徒の学びを変えます。

今、コロナ禍のなかで、学校も、先生も大変な状況を迎えています。教育の歴史的なシフトに対応しながら、ＩＣＴ教育の推進、遅れた授業時数の取り戻し、子どものメンタルケアにも取り組まねばならず、世界一忙しい日本の先生は、焦りと憔悴のなかにいらっしゃることと思います。しかし、このようなときこそチャンスだと私は思うのです。誰もが正解がわからなくなっているときこそ、新しいことを試すときです。

私はそこにいる先生たちの背中を押したい。絶対に大丈夫、あなたが先生になったことには意味があると言ってあげたい。それは、どんな先生のなかにも、生徒の成長を願ってやまない、煌々《こうこう》と燃える火がともっていることを知っているからです。

ほんの一歩、いや半歩でいいので、勇気を出してこれまでとは違う学びの世界に足を踏み入れてほしい。そうしたら、教室が変わり、学校が変わり、日本が変わる。私が生きているうちにそのさまをぜひともこの目で見たい。そんな願いを持って本書を記します。

宮地勘司

探求のススメ
——教室と世界をつなぐ学び

第2章　学びに向かう動機

第3章　クエストエデュケーションとは何か？

第4章 探求学習で進化する学校 ——大阪・常翔学園

第5章 超・進学校の生徒の心を起動する
――奈良・西大和学

第7章 元校長が起こす地域教育の革命
――静岡・シヅクリプロジェクト

第8章　探求のゴールはどこにあるのか？

おわりに

第 1 章

教師が教えないことで、生徒が学ぶ

学校に「探究的な学び」を届けたい

探究学習においてもっとも大事なことは、生徒が自ら学び始めることです。今の世の中、知識も情報もそこらじゅうにあふれています。それらはちょっと手を伸ばせばネットのなかからいくらでも掘り出すことができます。それを上手に切り貼りしたとしても、それは学びとは呼べません。生徒が自らの意思で何かを求め、自分の頭でじっくりと考え、閃《ひらめ》き、検証し、自分なりの答えを見つけていく、そのプロセスこそが探究学習なのです。

しかし、言うは易し、行うは難し。日々押し寄せる情報の波にたゆたいながら生きている現代の子どもたちは、なんとなく空気を読んだり、誰かの正解を当てに行ったりすることは得意ですが、自らの深い思いから何かを発想したり、批判的にものごとを検証したり、前提も不確かななかで何かを考え抜いたりすることは苦手なようです。

今回改訂された学習指導要領では、「探究」がフォーカスされています。2022年度からは高校の教育課程に「総合的な探究の時間」が組み込まれ、その他にも「理数探究」「日本史探究」「世界史探究」「地理探究」「古典探究」などの科目が新設されます。

文部科学省は探究を、「問題解決的な活動が発展的に繰り返されていく一連の学習活動のこと」と定義しています（文部科学省『今、求められる力を高める総合的な学習の時間の展開（中学校編）』２０１０年）。従来の知識量の歩留まりを競う学びから、変化の激しい時代を見据えて、より主体的、創造的な学びへとシフトしていこうという考えです。

しかし、長年教育現場に染み付いた単元消化型の履修主義は変わることなく、世の中の偏差値重視、受験重視の意識も変わることなく、そのような環境のなかで先生たちが本気で探究的な学びに取り組んでいくことは容易ではありません。

私たちは、今回の学習指導要領が改訂される15年以上前から、学校における探究学習の実践をサポートしてきました。それは、子どもたちがよりよい人生を歩んでいくために絶対に必要なことだと思ったからです。学校は受験のために存在しているのではありません。その生徒がよりよく生きて、人を幸せにして、自分も幸せになるための、その基盤をつくるためのものです。
答えのない問いに取り組むこと、あきらめることなく多面的に考えること、突破すること、仲間と力を合わせてやりきること、このような経験はその後の子どもたちの生き方、学び方を変え、生涯にわたり自分自身を支えてくれる。

そんな願いを持って私たちはこれまで「クエストエデュケーション（クエスト）」を全国の学校に届けてきました。そのなかで子どもたちが短い間に大きく成長する奇跡のような瞬間を何度も目撃してきました。

コツは「先生が教えないこと」

クエストを始めて5年が経とうとしていた頃、三重県のある商業高校にクエストが導入されました。生徒思いのとても熱心な二人の先生が担当です。ひとりは40代の主任クラスの男性の先生、もうひとりは着任数年目の若手の女性の先生です。二人はチームワークもよく、何度も私からクエストについての説明を聞き、他校にもクエストの授業見学に行きその学校の先生にもていねいに取材を重ね、2年がかりで検討を進めたうえでクエストの導入を決めました。

コースは「企業探究コース」。自校の教室にいながら実在の企業のインターンシップに参加し、その企業から出される課題に生徒が自分たちの力で答えていくプログラムです。実在の企業とは、大和ハウス工業、クレディセゾン、良品計画、吉野家、日立製作所といった誰もがよく知っている企業です。これなら生徒が興味を持って前向きに取り組んでくれるだろうと、二人の先生は期待を込めて授業をスタートしました。

「企業探究コース」は24コマの授業で構成されていて、毎週1コマずつ実施されるようにつくられています。総合的な学習の時間や教科情報、現代社会、ロングホームルームの時間が充てられます。商業高校の場合は、課題研究や商品開発・マーケティングなどの授業で実施されます。

新年度が始まる3月には担当する先生方に事前研修を行い、4月から授業開始となりますが、日々の授業運営は先生が独力で進めていきます。私たちは基本的には授業に参加しませんが、年に何度か教室を訪問して生徒の様子を見たり、ときにはT2として授業をサポートしたり、先生の相談相手になったりします。

準備万端整えて、4月から授業をスタートしたこの学校ですが、1ヵ月を経過した頃、電話で先生に話を聞くと、どうやら芳しくありません。生徒は通常の授業以上に覇気がなくどんよりとした空気が漂っている。周到に準備して始めたはずのクエストだがあまりうまくいっていないとのこと。私たちも心配になりました。

クエストでは、導入校の先生方と参画する企業の皆さんがともに学び合うための場を用意しています。年に数回、所属組織を超えて一堂に集まり子どもたちの学びをより深いものにするためのワークショップを開催します。1学期もまもなく終わろうかという頃、東京で開催したワークショップに、三重の二人の先生は出張して参加されました。そしてその場で、他校の先生や企業の方に誰彼かまわず相談していました。

「授業が盛り上がらないのだけれど何がいけないのでしょうか？」

「生徒の心に火がつかないときはどうしたらいいのでしょうか？」

その場には、クエストの実践経験が豊富な先生もいれば、企業人のなかにも何年も学校訪問を重ねてきた強者もいて、皆が熱心に二人の先生にアドバイスしていました。

そして二人の先生は、最後に私のところに来てこう言いました。

「誰に聞いても答えが同じでした」。生徒が自ら学び始めるための最大のコツは「先生が教えないこと」だと。

まじめな二人の先生は、怪訝そうな顔をしていました。クエストをやるにあたって生徒が取り組む企業のことはなによりも自分たちが知っていなければ授業ができないと思い、大和ハウスについて、良品計画について、日立製作所について、自分たちで事前にきっちりと調べ上げてそれをどのように生徒に伝えるかを考えながら授業をしていたと言います。

しかし、その場で相談した他校のある先生には、

「それは生徒がやること。生徒たちの学びの機会を奪ってはいけない」

と言われたそうです。

「先生がやるべきことは自分の知識を伝えるのではなくて、生徒がどうやったら自分でそれを調べたり考えたりしたくなるか、その環境やきっかけをつくることだよ」

二人の先生は、どれだけそんな話を聞いても、なお釈然としない表情のまま、三重に帰っていきました。

学びの主権が先生から生徒へ

夏休みを終え2学期になり、この学校の授業を訪問する機会がありました。私が教室に入ると、生徒はそれぞれのチームで企業に提案するための企画について話し合っていました。ワイワイと盛り上がり、活発な議論が展開され

ています。1学期に聞いていた状況とは大違い。二人の先生の顔もこれまで見たこともないほど晴れやかでした。

「何があったんですか?」と私が尋ねると、こう答えてくれました。

「あれから三重に戻って二人で話し合ったんです。教えないとかそんなことありえないと思う。だって教師とは教えるものだからって。でも、あれだけの人たちが教えない、教えない、って言うからもうだまされたと思ってやってみるかとなって、自分たちのやり方を思い切って変えてみたんです。

それからは生徒に何を聞かれても、オウム返しで『自分はどう思うん?』と聞くようにしました。私たちは、それはもう各企業についてみっちりと勉強しているので知っていることはいっぱいあるんですけど、唇を噛みながらそれを話すのをこらえて、『どうやろうな〜? 先生わからんわ〜』と繰り返していたら、あるとき生徒たちがあきらめたようで、『あか〜ん、センセイ役に立たんわ〜』と言い出して。そこからですね。生徒が動き始めたのは」

とても面倒見がよく、先生と生徒の距離も近い学校です。生徒に質問されてもそれに答えず突き放すのは、先生たちのこれまでのやり方とは全く異なり、つらくてどうなることかと心配だったと思います。でも先生たちのこの勇気のおかげで、生徒は気づき始めました。この授業は、先生に教えてもらう授業ではなくて、自分たちで考える授業なんだと。

実際のところ、大和ハウスがどんな家を建てたら顧客に喜ばれるか、無印良品がどんな商品をつくればたくさん売れるか、先生にも（もちろん普通の大人にも）わかるはずもなく、実はきっちりと整って見える世の中のほとんどのことにも、未来に向けて定められた正解なんてものはなく、だとしたら自分たちが正解をつくり出していってもいいんだということに気がついたのです。そしてその自由さと可能性への気づきが生徒の心に火をつけたのです。

入念に授業の準備をして、わからないことがあれば事前に調べて理解したうえで教壇に立つことが先生の責務であると考えていた先生にとっては、まさに天と地がひっくり返るような出来事だったと思います。学びの主権が先生から生徒へと移ったのです。生き生きと学ぶ生徒たちを前にして、先生たちは心の底からうれしそうでした。

「地球最初の人類になった気がしました」

３学期になり、私は再びこの学校を訪問しました。プログラムの最終ステップ、生徒たちがつくりあげた企画をプレゼンテーションする校内発表会です。地元の企業や大学から審査委員として何人かの方が招かれ、私もその末席にいました。保護者やこの学校の他の教科の先生方も大勢集まり、教室はいつも以上の密度と緊張感に満ちていました。

それぞれ企業の課題に取り組んだ5、６人ずつの生徒のチームが、順番に発表していきます。どれも独自の視点からよく考えられた発表ばかりです。

そのなかに大和ハウスのミッション（課題）に取り組んだチームがありました。大和ハウスから生徒たちに出されたミッションは「人が生きる原点を支える大和ハウスの世界に広がる新商品を提案せよ！」。

その意図を読み解けば、大和ハウスの企業理念「共に創る。共に生きる。」

を踏まえた新商品を考えグローバル戦略を構築してくださいというもの。まさに大和ハウスの社員たちが日々向き合っている事業戦略のど真ん中の課題を生徒にも考えさせるというねらいです。

　これを受けた生徒たちの提案は、「人が生きる原点を支えるのは水です。今、世界には飲み水などの生活水も満足に得られない人たちがたくさんいます。大和ハウスの技術を活用して水を濾過し、安定的に運ぶ商品を、アフリカの安全な水が得られない地域に届けることで、人々を健康にして、幸福にします」というものです。

　まだＳＤＧｓ《エスディージーズ》という言葉もない頃です。高い公益性、大和ハウスの事業や理念に対する深い理解、毎日遠いところから水を運ぶアフリカの子どもたちへの愛のある眼差しなど広く、本質的に考えられていることに感嘆しました。居並ぶ審査委員たちも皆驚き、彼らを高く評価しました。最後に私が講評する順番になり、私は彼らに質問をしてみました。

「このプログラムに取り組んでみてどうだった？」

漠然とした質問に、朴訥《ぼくとつ》そうな男子生徒が少しとまどいながらも答えてくれました。

「最初にミッションを出されたときには、地球最初の人類になった気がしました――立っていいのか座ったらいいのか、西へ向かえばいいのか、南へ走ればいいのか、さっぱりわからずまるで暗闇のなかにいるようでした。

でも、ぽつりと自分がなにかひとこと言うと、みんなが言葉を乗せてくれるようになって、だんだん話が盛り上がってきて、そしたらなんか楽しくなってきて、たった2ヵ月の間にこんなすごいプレゼンができるようになった自分たちに感動しました」

私は「創造」という人類の営みを見事に表現したすばらしい言葉だと思いました。何も見えない暗闇の中から勇気を持って動き出す。個性や感性の異なる仲間とゴールを目指して歩き始めることで次第にフロー状態に入っていく。最後には全く予想もつかなかった新しい何かが生まれる。非線形の進化です。

発表会が終わるやいなや、担当された若い女性の先生が私のところに駆け寄ってきました。

「宮地さん！　もう、講評するとこなのに、質問とかやめてくださいよ！って思いましたよ。うちの子たち、プレゼンは練習してできるようになったけど、アドリブとか全然苦手なんで、そんなに急に質問とかしたら固まっちゃうじゃないですか！……って思ったんですけど」

ここで先生の目から急に涙があふれ出しました。そして、声をつまらせながら続きます。

「でも、ほんとにあの子たち、立派に答えてましたよね〜。すばらしかったですよね！　おどろきました私。がんばってほんとによかった！」

生徒が、自分で学びのエンジンを回し始めました。そこで得た知は生きた知として自らの血肉となります。そして、そのような「学び方」を体得したことは彼らにとっての何よりの財産だと思います。自ら回し始めた学びのエンジンは、その後も低いトルクで持続的に回り続けます。どこまでも終わることのない深い探求。穴は深く掘れば自ずと入り口は広がっていきます。探求という学び方は、深く考えることで関心の領域も自ずと広がっていきます。学びは深さと広さの両方を獲得していくのです。

教師は「ファシリテーター」

クエストの授業では、教師を「ティーチャー」ではなく、「ファシリテーター」と位置づけています。事前研修で先生にそのセットアップを行い、授業の冒頭でも生徒にそのことが伝えられます。先生は、知の番人として、教え導く役割ではなく、生徒の探求の伴走者であり、支援者という位置づけです。そして、ファシリテーターのあり方として以下の４つを先生方にお伝えしています。①「信じること」、②「感じること」、③「待つこと」、④「一緒にいること」です。ひとつずつ解説していきます。

①「信じること」

どんな生徒のなかにもある、成長の可能性を信じることです。生徒が自分の思いを発露すること、仲間とのやり取りのなかから新たに何かをつくり出すこと、そこから新たな学びを得ること、そのことが生徒にとっての歓びとなり、成長となること。たったひとつの正解も、勝ち負けもない世界では、誰もがオンリーワンの輝きを放つことができます。そのことを教師が深く理解していることが大切です。

②「感じること」

生徒の微妙な変化、柔らかな変化を常に繊細に感じ取ることです。表には出せなくとも、生徒の心のなかにはさまざまな揺らぎや複雑な変化が瞬間ごとに起こっています。先生はそこに意識を向けてください。わだかまりや違和感がありそうな顔、なにか言いたそうな気配に敏感になり、必要に応じてタイムリーに声かけをします。生徒の最終アウトプットの出来不出来で判断するのではなく、それ以前にある柔らかな心の動きと対話するようにしましょう。

③「待つこと」

生徒の成長は、計画的、合理的には起こりません。それは生徒の内側から潮が満ちるように自然に起こります。赤ん坊が言葉を発するとき、自分の足で立ち上がるタイミングを計画することはできません。

知識の詰め込みやスキルのトレーニングであれば、どれくらい時間をかければどれくらいの成果が出るのか、ある程度予測できます。しかし、人の本質的な成長は、時間で計測したり、予測したりすることはむずかしいものです。教師は全力で応援し、信じて待つことしかできません。そしてそのような教師の意識やあり方こそが、生徒を安心させ、信頼を醸成し、成長を促すことになるのです。

④「一緒にいること」

これまでの学びにおいては、先生は知識の番人として生徒の向かい側に対峙していたかもしれません。膨大で、複雑で、堅牢な知の体系を教師は自らの後ろに背負い、それを分解し、少しずつ、わかりやすく、秩序立てて、ときに事例をまじえながら生徒に届ける役割を担っていました。

しかし、クエストの学びにおいては、生徒は知の探求者です。自らの興味・関心に沿いながら、まるでRPG（ロールプレイングゲーム）のように、探検的に学んでいきます。先生はそんな生徒の伴走者として常に生徒の傍らにいて、同じ方向を向き生徒を応援しながらともに歩んでいきます。教師は、管理者、裁定者の地位を自ら進んで降りることが必要です。

正解を持たずに教壇に立つことは、普通の教師にとってとても怖いことだと思います。通常の授業であれば、その教科・科目について、教師は生徒に比して圧倒的な優位にあります。毎回の授業を緻密に設計して展開し、想定したゴールにたどりつくことはわけもないでしょう。

他方で、自らも正解を持たず、授業がどのような展開になるのか、どこにたどりつくのか見当すらつかないまま教壇に立つことは、恐怖でしかないかもしれません。経験の長い教師であればあるほど、もしかしたらその傾向は強いかもしれません。

しかし、そこで自らの内なる恐れを手放し、この正解のない学びの道を生徒とともに楽しもうと腹をくくったとき、教室の空気が変わるのです。唯一の正解を誰が早く正確に当てるのかというヒリヒリした場ではなく、誰もが存分に自分を表現して、新たな価値を創造することを楽しむ豊かな場となります。そこでは全員がそれぞれの正解を見つけることができるのです。

深い対話のなかにこそ学びが立ち上がる

社会学のなかに社会構成主義という考え方があります。その第一人者と言われるケネス・J・ガーゲンは、著書『現実はいつも対話から生まれる』（ディスカヴァー・トゥエンティワン、2018年）のなかで次のように語っています。

『私たちが『現実だ』と思っていることはすべて『社会的に構成されたもの』です。もっとドラマチックに表現するとしたら、そこにいる人たちが、『そうだ』と合意して初めて、それは『リアルになる』のです。」

つまり、だれにとっても不動のただ一つの真実があるのではなく、（あるとしても）社会的な関係性のなかで、意味はそのつど「構成」されるというのです。たとえば、一人の人間をみても、生物学者はその人のことを「哺乳類」と認識し、教師は「将来有望な若者」と、芸術家は「素晴らしいモデル」と、物理学者は「一原子構造」とそれぞれ認識します。同じ系統の文化圏にいる人たちの認識においてそれは間違いなく事実であり、しかし異なる文化圏の人から見るとあり得ない事実です。私の最愛の人が一分子構造に過ぎないなどということは、とうてい受け入れられないことでしょう。つまり、ある限られた世界の住人たちによる合意によって、その「事実」は成立しているに過ぎないのです。そしてこうも言っています。

「唯一無二の真実を宣言するということは、言葉を『急速冷凍』して、その結果、新しい意味が現れる可能性を狭めてしまうということです。

一方、（社会）構成主義者が支持するのは、『常にいつまでも開かれたままの対話』です。そこには常に、もう一つの声、もう一つのビジョン、もう一つの構想や修正案という余地があって、『関係』にはさらなる広がりがあります。」（カッコ内は筆者による補足）

「一緒に話し、新しい考えを聞き、問いを投げかけ、別の（代わりの）メタファーを考えることで、新しい意味の世界の敷居をまたぐのです。未来とは私たちが『一緒に創造する』ものなのです。」

この考え方を教室に置いてみると、どうでしょうか。唯一の真理を知る教師がそれをありがたく生徒に教えくだすのではなく、教師と生徒の、あるいは生徒同士の当事者意識のある深い対話のなかにこそ学びが立ち上がるのだと言えるのではないでしょうか。

もちろん、社会構成主義は、自然科学的な真理や法則を否定するものではありません。それらの客観性や再現性が今日の科学の大いなる発展の礎となったことは間違いありません。

しかし一方で、行き過ぎた科学至上主義が人間の存在を希薄化させてしまったこともまた事実だと思うのです。自分が何を考えようと、どう振る舞おうと、世界は不変のシステムによってつつがなく運行されているというリアリティが逃げ場もないほどに社会の隅々まで広がったことが、子どもたちから意欲を奪い、引き受けることを奪い、「生きる力」を減衰させていったのだと私は思っています。

多面的な見方が大事、自由な発想が求められていると言いながら、皆心のなかで固定化された見方、考え方にとらわれています。私たち自身が寛容さを取り戻し、多面的なものの見方、人のあり方を受け入れるようにならないと、生き生きとした学びをつくり出すことも、生き生きとした社会をつくり出すこともむずかしいのではないかと私は思うのです。

今回の学習指導要領改訂をきっかけに、学校教育がそのおおらかさと自由闊達さを少しでも取り戻していくことを切望してやみません。

第2章

学びに向かう動機

探究学習においては、先生が知識の番人の座から降りて、生徒の学びの伴走者として応援していくことが大切だという話をしました。そのことで生徒は知の探求者として主体的に動き始める準備が整います。そして学びを本格的に起動するためには、生徒が学びに向かう動機が必要になります。ここでは、人が学ぶ動機が成長とともにどのように変遷していくのかについて見ていきたいと思います。

失われていく「知りたい、わかりたい」欲求

まず、生まれたばかりの赤ん坊が次第に成長していくにつれて抱くのが「知りたい、わかりたい」という欲求です。幼い頃には見るものすべてに対して、なんで？　どうして？と親に聞いて困らせてしまうあれです。もっと幼い頃にはなんでもすぐに手を伸ばす。何なら口に突っ込んで試してみる。人が成長するために自分の外の世界を知っていこうとするプロセスで、生きるために備わっている基礎的な機能だと思います。

しかし、いろいろと試してみるうちに痛い思いや苦い経験を繰り返すと、この知りたい欲求は次第に去勢されていきます。あれやこれやと質問する子どもに対して大人がうるさいとたしなめたり、無視したり。そんなことを経験するうちに、子どもは何でも知りたがることは決していいことではないという認識を持つようになります。

そして学校に通うようになると、多くの学校ではすぐに規則正しい勉強が義務づけられるようになります。自らの興味関心やその日の気分とはまったく関係なく、ベルトコンベアーのように教科の学習が運ばれてきます。何のために何を学ぶのかということの理解もないままに、ただただ供給側の都合による学びが配膳されます。食欲や体調を無視して次々に届けられる盛りだくさんの食事を前に「食べたい」という意欲が消えていくように、子どもたちは学びに向かう意欲を次第に失くしていきます。

さらに、小学校も高学年になってくると、クラスのなかに「空気読め」の同調圧力が広がり始めます。子どもたちは本音を話すことをやめてしまい、何事においても周りに合わせて表面的な反応でやり過ごすようになっていきます。

そんな日々を過ごすうちに、中学生になる頃には、自分の生々しい感情がわからなくなってしまい、何かを「知りたい、わかりたい」という根源的な学びの意欲もすっかりなくしてしまいます。私はこのような状態を「野性味を失った」状態と呼んでいます。やらされ勉強や同調圧力のなかで、野性味をなくしてしまった子どもたちは、学習は苦痛であるという認知を持つようになり、できるだけ学びから逃れたいと思うようになります。

「学んだらいいことがある」が、学びの魅力を奪う

その頃、比較的学力が高めな子どもたちのなかで起動するのが、何かのために学ぶ、学ぶことによって利益を得たいという「利得」欲求です。いい成績をとって親に褒められたい。難問を問いて先生に認められたい。テストの順位をクラスで自慢したい。あの難関校にどうしても入りたい。問題や学び

のテーマそのものよりも、関心事はその先にあります。学びの先にある利得が誘引となって、「だから学ぶ」というものです。

確かに目標を持ってそれに向かって学ぶことは悪いことではありません。そのことで想定以上に大きな成長を遂げたり、それまで全く知らなかった世界と出会うこともあるでしょう。

しかし、この利得欲求が度を過ぎて心を支配するようになると、本来持っていたはずの「知りたい、わかりたい」という野性的な欲求がまた去勢されてしまう可能性があります。偏差値を上げるためだけに、受験に受かるためだけに学びをがんばりすぎると、根底にある「知りたい、わかりたい」欲求が減衰してしまい、その後も自らの内から湧き上がる純度の高い知的探究心に沿って学び続けることがむずかしくなってしまいます。そして残念なことに、私たち日本人はこのようなプロセスを通って大人になった人が多いのではないかと思うのです。

ＯＥＣＤが２０１２年に行った国際成人力調査（PIAAC）では、先進諸国

図1　成人の知的好奇心と数的思考力

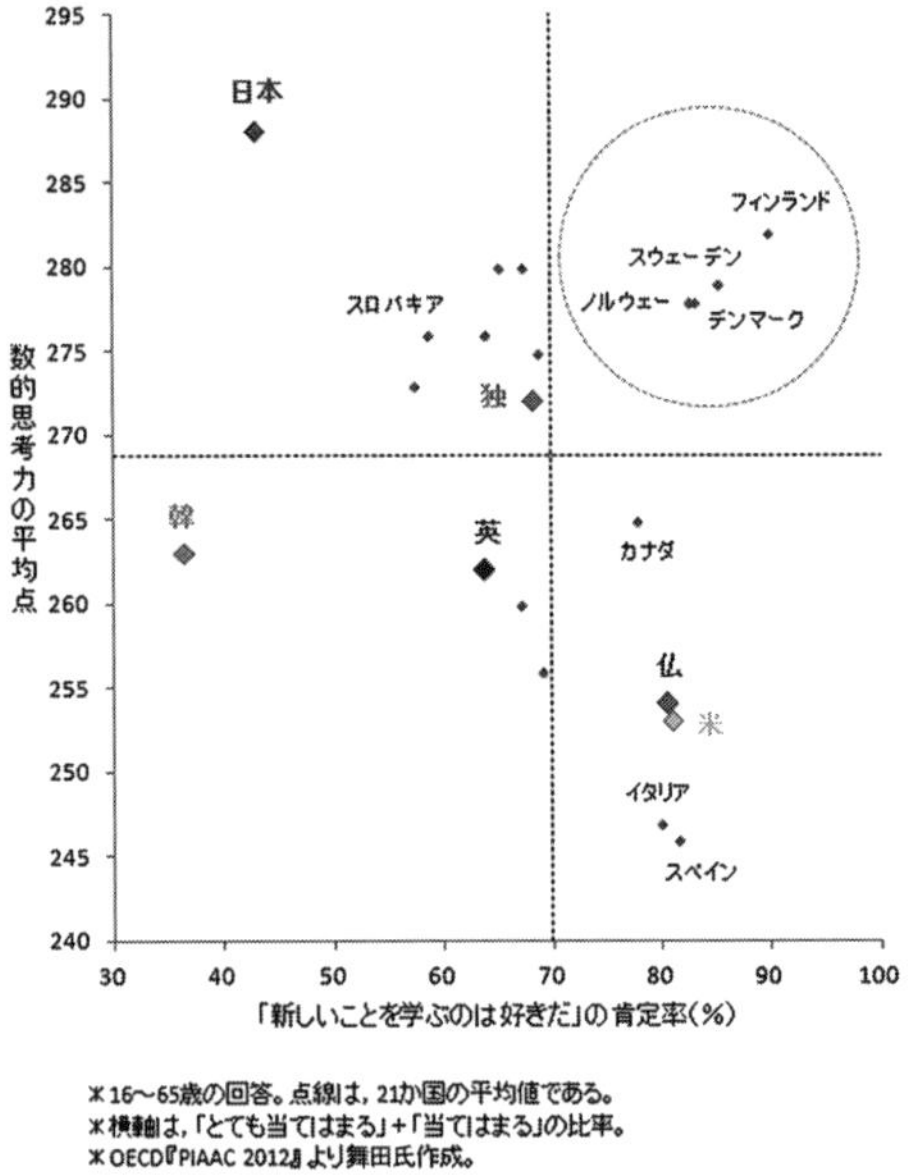

※16〜65歳の回答。点線は，21か国の平均値である。
※横軸は，「とても当てはまる」+「当てはまる」の比率。
※OECD『PIAAC 2012』より舞田氏作成。

※グラフ引用：https://www.newsweekjapan.jp/stories/world/2016/02/20-12.php

の16〜65歳のスキル・能力が比較されました。そのデータを活用し、知的好奇心と数的思考力の相関について各国の分布を表したのが**図1**です（『Newsweek』日本版より転載：舞田敏彦氏作成）。

　これを見ると、日本の成人の数的思考力は世界のトップです。しかしながら「新しいことを学ぶのは好きだ」

と答えた人は韓国に次いで少なく、まさに「知りたい、わかりたい」欲求が枯れてしまっていると言えます。そして、このことはすなわち、日本の大人たちは論理的思考力は高いものの、変化を拒み、可能性を否定して、「自分は知っている」という殻に逃げ込んでいる。それゆえ、世界のダイナミックな変化に対応して新たな価値を創造したり、イノベーションを起こしたりすることがむずかしい国となってしまっているということだと思います。

そのことは産業競争力を低下させるだけではなく、個人の人生における満足感や幸福感をも低下させる可能性があります。生涯にわたって自分は成長しているという実感が少なく、世の中の変化をつくりだしているという感覚も得にくいからです。

そして、そのような大人をつくり出す主要な要因のひとつが、学齢期における過度な利得欲求の刺激にあるのではないかと私は思うのです。「学んだらいいことがある」「何かのために学ぶべきだ」という考え方は、次第に「いいことがないのなら学ばない、学ぶ必要がない」となり、学びそのもの

図2　数学における学習意欲

学力は高いが意欲なき日本の若者

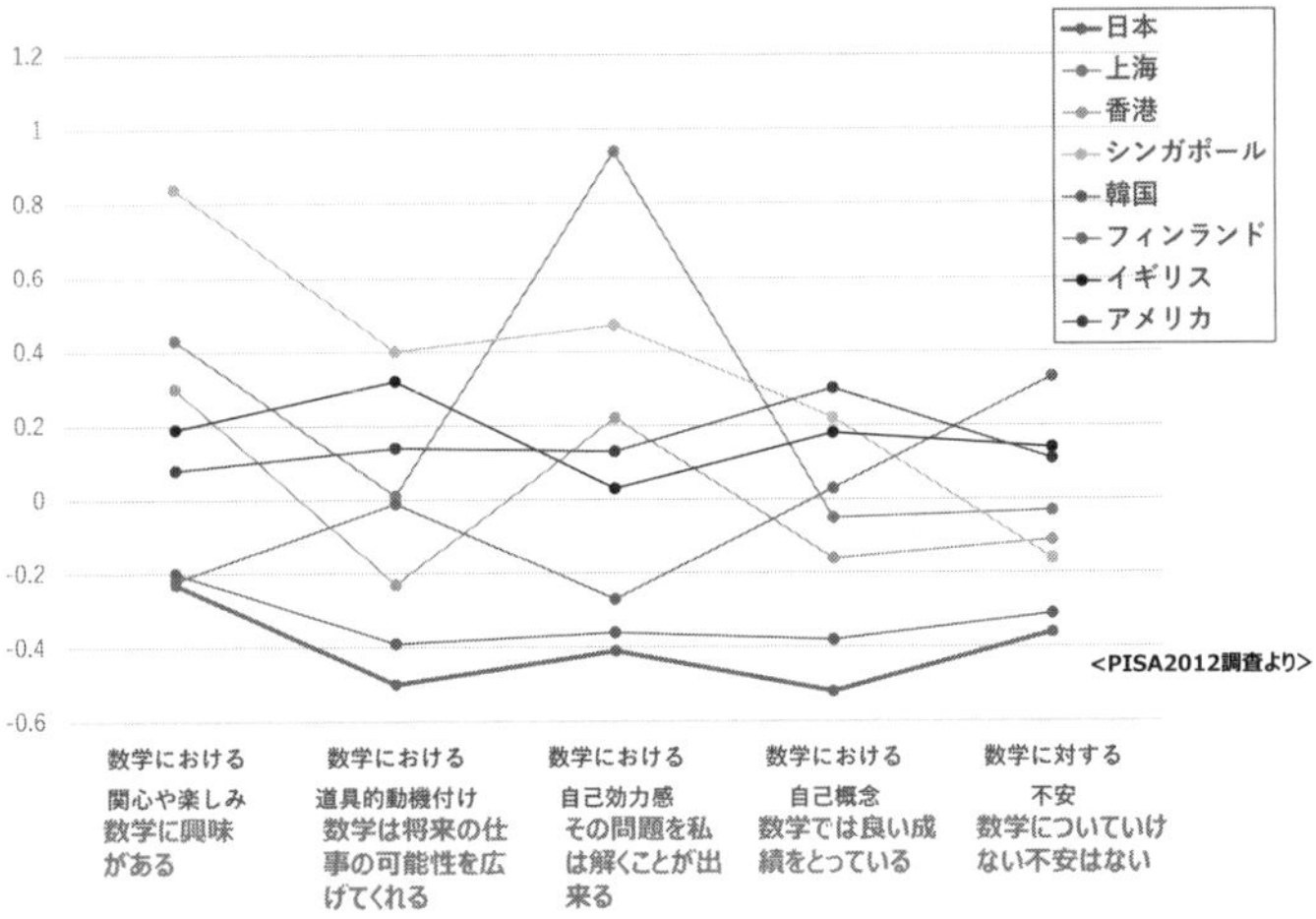

※OECD　PISA2012より筆者作成

が持っている魅力を感じられなくなってしまいます。

実際に、15歳時点の学力を国際比較するPISA調査ではそれを裏づける結果が出ています。2012年の調査では、日本の子どもたちの学力は大きく向上し、OECD加盟34ヵ国のなかで、読解力、科学的リテラシーは1位、数学的リテラシーは韓国に次いで2位という立派な成果を出しています。しかし、その同じ調査の数学における学習意欲については、非常に厳しい結果が出ています（図2）。

数学的リテラシーが高い7ヵ国のなかで、意欲に関する項目はすべて最下位です。数学を楽しいとは思わず、将来役に立つとも思わず、自分は数学の問題は解けないし苦手でしょうがない、将来においてもついていけるか不安である、と考えながら成績においては世界でもトップクラスという、不気味な現象が起こっています。15歳時点においてすでに「知りたい、わかりたい」欲求が減衰し始めていると言えると思います。

また、別のある調査では、北欧の大人たちは50歳を過ぎても「ひと月に何度も図書館に行く」「宇宙の果てがどうなっているかに関心がある」という数値が非常に高く、日本の50代と比べると大きな差がありました。受験のために、いい会社に入るために学ぶという利得の動機に引きずられることなく、純粋な「知りたい、わかりたい」欲求に突き動かされて学び続けるからこそ、いくつになっても色褪せることのない知的好奇心を持ち続けていられるので

図3　世界の幸福度ランキング

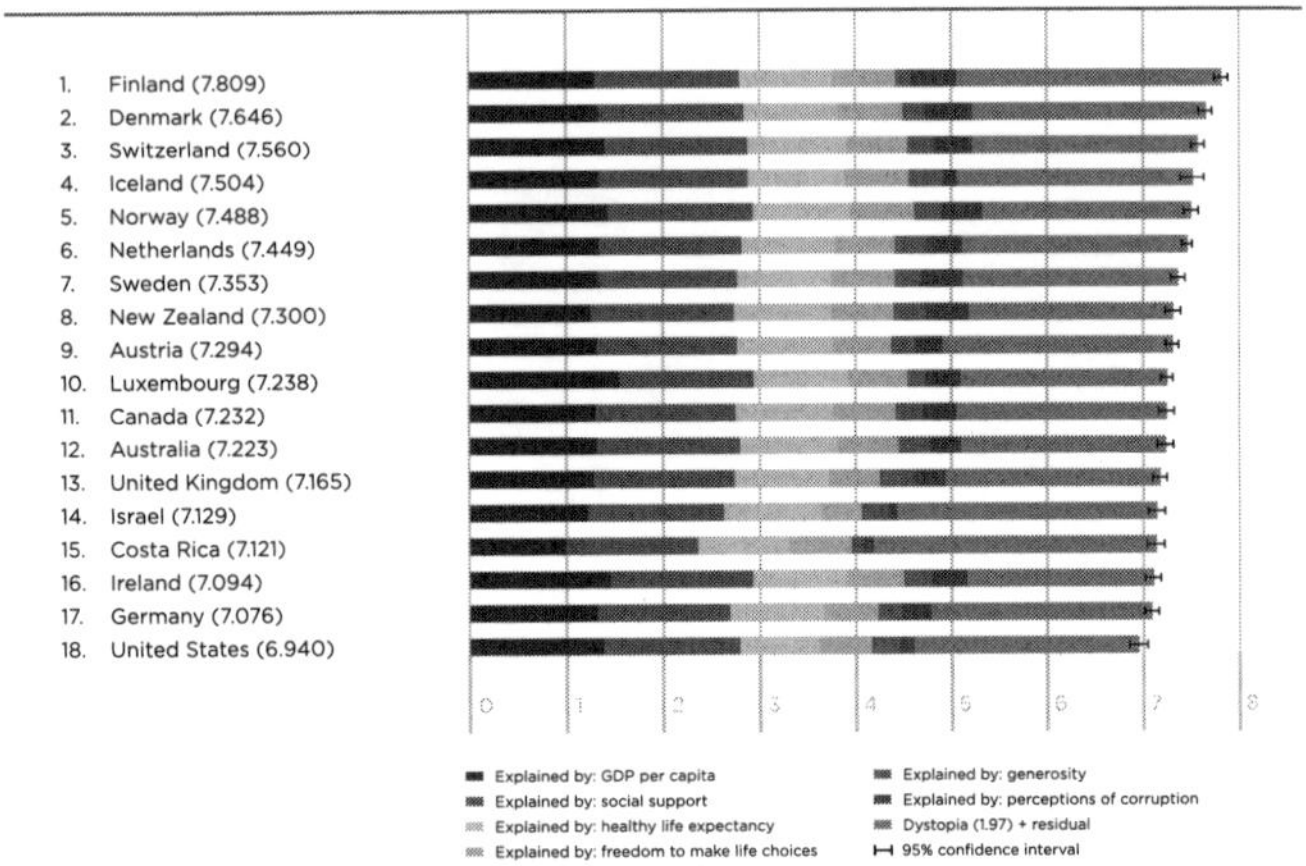

※World Happiness Report2020の図を改変
https://happiness-report.s3.amazonaws.com/2020/WHR20.pdf

はないでしょうか？

また、北欧諸国は世界幸福度ランキングでも常に上位を独占しています（**図3**）。新しいことを「知りたい、わかりたい」という根源的な学びの欲求を持ち続ける生き方は、幸福度との相関性も高いのだと思います。

慶應義塾大学大学院の前野隆司教授は、幸福学の研究のなかで、幸福の因子を「自己実現と成長」「つながりと感謝」「前向きと楽観」「独立とマイペース」と定義しています。自分らしく、楽観的に物事をとらえ、夢や目標にめがけてチャレンジし成長していこうとすること。

そんな心のありようは、外から押し付けられた学びや損得に引きずられた学びの先ではなく、自らの内から湧き上がる知的好奇心を大切にした野性味のある生き方の先にあるのだと思います。

学校で「学びは楽しい」という原初的な体験を

本来は誰の中にもあった「知りたい、わかりたい」欲求を生涯失うことなく持ち続けるためには、どうしたらよいのでしょうか？

それは、学校教育のなかで「学びは楽しい」という原初的な体験をすることだと私は思っています。子どもたちが社会性を持ってくると、何かのために学ぶという利得欲求を持つかもしれません。しかし、それに引きずられるのではなく、子どもたちの内なる野性的な探求心に意識を向けることが大切です。それを賦活する（活力を与える）ことで、根源的な学びへの欲求がもう一度目覚めてきます。

わからないことがわかる楽しさ。できないことができるようになる歓び。難問にぶつかったときのわくわくする気持ち。自分の力で課題をクリアできると自分のことがもっと好きになれるし、チームで協力して壁を突破できると仲間のこともっと好きになれる。学ぶことで自らの視野が広がり、これまでと世界の見え方が違ってくる。そんな学びそのものが持っている根源的かつ純粋な歓びを、学校教育のなかで深く実感することが非常に大切だと思うのです。

子どもが自ら学ぶ力を取り戻すための工夫

私たちは学校教育のなかでクエストを通じて、子どもたちが本来持っている野性的な学びの力を賦活することを目指しています。学びの楽しさ、すばらしさを子どもたちが教室の中で実感することで、彼らの意識は変わってきます。

授業のなかで、自分自身が当事者となる体験。人から教えられるのではなく、自らの意思で獲りに行く学び。困難があっても仲間とともに協力して乗り越える経験。一つの正解にたどりつくゲームではなく、自分自身の正解を見つけることの歓び。それらのことを通して、子どもたちは本来持っていた自ら学ぶ力を取り戻していきます。

クエストにはそのための工夫が施されてあります。それらは先生方の授業においても活用できるかもしれません。以下にいくつか紹介したいと思います。

①自分が学びの起点となる

野性的な学びの力を賦活するためには、自分という存在が欠かせません。意味社会構成主義で言うところの唯一無二の客観的真実があるのではなく、意味が関係性のなかに立ち現れるという学習観においては、自分の存在自体が学びのプロセスに含まれている必要があります。

水槽を客観的に外から観察するのではなく、自らもその水槽の中で魚たちとともに泳ぐのです。客観的な個体のような知識の塊を自分という袋の中に順番に入れていくような学びではなく、世界と自分との対話を通じて、その関係性のなかに意味が立ち現れるわけですから、自分という存在なしには学びは起動しないのです。

たとえばクエストの「企業探究コース」では、一番はじめの授業はクイズで始まります。「なくなったら困る会社とその理由は？」という問いを、先生から出会い頭に出されて子どもたちはしばし考えます。自分の生活やこれまでの経験を思い出し、つまり自分の内側に問いかけることで彼らはさまざまな答えを出してきます。携帯電話のキャリアがないと困る。鉄道会社がなければどこにも行けない。ほかにも、好きなお菓子や好きなブランドの会社を答える子もいます。父親の働く会社を言って、給料がもらえないと家族が路頭に迷うと答える生徒もいれば、大好きなアイドルの名前を言って、そのタレントが所属する事務所の社名をあげる生徒もいます。

つまり、こちらから「会社とは」という定義を教えるのではなく、すでに彼らの経験のなかに会社という存在があり、そのことに気づかせるように問いかけるのです。

「会社とは、営利追求を目的とした法人組織で〜」のような型にはまった説明をしても、子どもたちの心は起動しません。今、リアルに生きている自分たちの日常の暮らしがどれだけ会社というものに支えられているのかを実感することで、彼らと会社との間に意味が立ち現れるわけです。

自分でも「なくなったら困る会社」について考えてみて、さらにクラスメイトのさまざまな答えを聞くうちに、「会社ヤバッ！」「会社ないとうちら生きていけないじゃん」と教室のあちこちから声があがり始めます。自分とは関係のない「概念や定義としての会社」ではなく、自分が実感を持って感じることができる「リアルな存在としての会社」が意識されたところで、「企業探究コース」を始めるためのセットアップが完了するわけです。

クエストにはほかにも、スタートアップをテーマに学ぶ「起業家コース」

というコースがあります。このコースでも、「起業とは何か」の解説から始まるのではなく、自分たちの日常生活のなかで起こりがちな「あるある」をできるだけたくさん出して、そのなかからどんなビジネスが起こせるのか自由闊達に話し合うことから始まります。自分たちが見つけた小さなビジネスのタネを、リサーチやブレインストーミング（ブレスト）を重ねながら大きく育てていくのです。

起業家の生き方から学ぼうとか、日本の未来を明るくするために起業家精神を持とうなどと言わずに、何気ない日常の気づきからイノベーションを起こしてみるという原初的な体験をすることが、子どもたちの野生の探求心に火をつけるのです。自分と切り離されて世界のどこかに格納された立派な知ではなくて、自分との関係性のなかから紡ぎ出された「意味や想いを内包した知」を扱うことを、とてもとても大切にしています。

「自分が学びの起点となる」

このことは、通常の教科学習でも活かせる知恵だと思います。実際にそのような工夫を意識的に、または無意識的に実践されている先生も多いのではないでしょうか？　数学の原理が機能している場面を自分たちの生活の中で見つけてみる。文学作品のシーンと同じようなシチュエーションを実際に体験してみることで、自分の内側に起こる感覚を言語化してみる。模擬裁判をやってみることで司法制度について学ぶ。

このような学びは「体験学習」と呼ばれることもありますが、私はフォーカスするべきは「体験」という要素よりも、むしろそのプロセスのなかに「感情も伴った自分」が入っているかという点だと考えています。

そして、そのような学びの場をつくっていくためには、先生が学びについての考え方をさらに拡張することが必要です。知識の塊を効率的に伝授する技術だけではなく、感情を伴った生徒が主人公となって学びのプロセスに入っていくための仕組みを設計する技術を磨くことが、必要になるのではないでしょうか。

②生きた題材で学ぶ

教科書に書いてあることのほとんどは、誰かの探究の成果です。世界中のどこかで、誰かがそのことに熱中し人生をかけて探究し、導き出した答えが、吟味され、洗練され、確定され、整形されたものが並んでいるのが教科書です。それは、ほんとうにすごい知の結晶だと思います。そして同時に、だからこそ心を通わせることがむずかしくなる生徒もたくさんいるのだと思います。自分とは一見なんの関係もないもののように思えてしまい、そこに意味を見つけることがむずかしいと感じてしまうからです。

しかし、探求においては違います。その時点でまだ何も始まっていないし、確定した未来もない。すなわち正解もない。そこにはただ自分と自分を取り囲む世界があるだけです。そこからどんな物語を始めるのかは、実は完全に自由なのです。

パナソニックがどんな製品をつくったらいいのか、大和ハウスがどんな家を建てたらいいのか、ほんとうの意味では誰にもわかりません。社員や技術者は経験や知識を持っているのは事実ですが、だからといって未来の正解を知っているわけではありません。

そして、世の中には、環境問題や貧困問題、独居老人や待機児童、人種差別など、解決できていない社会課題が山ほどあり、もしかしたら自分がその解決者となれる可能性もあります。環境問題を固定化された知識や情報の塊として知ることと、社会を生きる当事者としてその題材に食らいつき何ができるだろうと心血を注いで考えることとは、全く次元の異なることです。

生きた素材は、こちらが働きかけることでほんの少しかもしれませんが変化する可能性があります。たとえほんの少しでも何かが変えられるとしたら、自分がこの世に生きていることの意味を実感することができます。自分にも居場所があるのだと思えるようになるかもしれません。

「生きた素材」を扱うことには、もしかしたら抵抗を感じる先生もいるかもしれません。ナマモノを学びの題材としたら、授業の落としどころをいったいどこに持っていけばいいんだろう。どうなれば成功と言えるんだろう。そんな当てどころのない授業なんかとてもできない。そう思うかもしれません。

でも、世界は実際にそのようなものなのです。予測不能で、混沌としており、刻一刻と変化しており、一寸先は闇なのです。そのまぎれもない現実に向き合うことこそ大事な学びなのではないでしょうか？

そのことにきっちりと向き合ったうえで、子どもたちが自分には何ができるのか、どうしたいのか、どのように生きたら自分は納得がいくのか、そのことを考えていくことが必要です。「生きる力」は「生きた素材」で学ぶことで育まれるのです。

③一貫したストーリーで学ぶ

学びにおいては、一貫した連続性があることがとても大事です。知識の断片をばらばらと詰め込んでいくことには限界があります。ひとつの物語のなかに深く入ることで、それぞれの事柄の意味や関係性が自然と自分の中に入ってきます。

歴史の年号をたくさん憶えることはむずかしくても、大河ドラマに熱中すれば、なぜ時代の覇権が貴族から武士へと移行したのか、明治維新はなぜ起こったのか、有機的に理解することができます。ドラマを通して知るのはひとつの見方かもしれませんが、ひとつの統合されたストーリーとして理解することで、さらにほかの視点からも考え始めることができます。

その意味では、探求的な学び方とは、まるでRPG（ロールプレイングゲーム）のようなものかもしれません。自分が果たすロール（役割）があり、目の前に繰り広げられる世界があり、最初は少ない情報と少ないツールだけを持ってやみくもに動いていますが、そのうちになんとなくその場のルールや目的のようなものがあることを知り、誰からの指示もありませんが、少しずつ活動を重ねていくと次第に世界の解像度が増していきます。自身の経験値もあがり、目的はさらに明確に揺るがなくなっていき、最後は強い意思を持ってゴールへと突き進んでいきます。

このようなプロセスがまさに人間の生理を踏まえていて、だからこそRP

Gにこんなにも多くの人々が熱中するのだと思います。

クエストの学びもそんなふうに設計されています。「企業探究コース」では、企業のインターンとして実務を経験し、企業活動や世の中についての理解を深め、最後には企業とともに未来をつくるための提案をする。「進路探究コース」では、人物ドキュメンタリー番組のプロデューサーとなり、本田宗一郎や小倉昌男など、先人たちの人生を読み解き、テーマを決めて自分たちなりの表現で番組化してみることで、人や自分が人生において大切にしていることを自ずとつかむ。「社会課題探究コース」では、困っている人を見つけてその人たちを笑顔にするための施策を考え、社会起業家として世の中を啓発していく。そんな具合です。

物語の世界観があり、コンセプトに沿った初期の状況設定があり、自分たちの役割が決まれば物語は自動的に展開し始め、生徒たちは主体的に動き出します。

ＲＰＧと異なるのは、あらかじめ定められたゴールはないということです。大枠のなかであれば物語をどんなふうに展開していってもいいし、どこまで進めていってもかまいません。終わりはありません。

それはまるで、最初は補助輪つきの自転車でゆっくりとふらつきながら漕ぎ出したのが、だんだん楽しくなってきて力を入れて漕ぎ始め、もはや補輪もぶっ飛んでいるのに、それも気にせず猛烈に疾走しているようなイメージです。どこまで漕ぐかは自分次第です。このように統合された世界観や一貫性のあるストーリーは、生徒の主体的な学びを大きく支えてくれるのです。

このことは普通の授業に置き換えれば、初期の設定を整えるということだと思います。生徒の役割、先生の役割、ルールの設定、目的やゴールの提示などを行い、あとは生徒が自由に動けるような環境を用意すれば自ずと主体性が生まれてきます。多少の脱線や逸脱、停滞があったとしてもおおらかに見守り、ルールやゴールの確認をすることで誘導や操作を超えた力強い学びが生まれてきます。

④心理的安全性を担保する

心理的安全性とは、心が恐怖や恥じらいから開放されておおらかな状態にあることを指します。2015年にGoogle社が、心理的安全性を担保することが、チームの生産性を高める最も重要な要素であるという研究結果を発表しました。それ以来、職場や学びの場など至るところで、パフォーマンスを高めるには「安心・安全の場」が大事であるという認識が広まっています。

人は誰しも心のなかに大なり小なり恐れや恥じらいを感じています。「こんなことを言ったらばかだと思われるのではないか」とか、「こんなことを言ってネガティブなやつだと思われたくない」と心配するあまり、ほんとうに言いたい言葉を飲み込んでしまうことがあります。

しかし、その飲み込んだ言葉のなかにこそ本質や大きな変革のタネがあるかもしれません。またその言葉が、ほかの誰かの新たな発想を刺激することがあるかもしれません。創造的なブレストを実現するためには、自分の心を解き放ち、できる限りリラックスした状態で臨むことが大事です。

しかしながら悲しいことに、教室には危険が潜んでいます。ダサいと思われる危険、無能と思われる危険、空気が読めないやつと思われる危険。これらを少しでも取り払って、この場は何を言っても許される安心・安全の場であることを全員が感じられることが、野性的な学びの復権のためには大事です。

そのためにクエストでは初回の授業で、ルールを明示的に宣言します。それぞれのコースには、生徒の探究活動を有効にサポートするためのルールがあります。いずれも3か条からなっています。

たとえば「企業探究コース」では、「とことん意見を出し合う／『なぜ』をとことん考える／とことん楽しむ」。「社会課題探究コース」では、「他人の意見を否定しない／自分の意見を否定しない／何でも言ってみる」といった具合です。これを授業のはじまりに確認することで、心のモードをあるべき状態に整えます。嘲笑文化を制し、心理的安全性を担保し、チャレンジと創造の息吹を教室に吹き込むのです。

「他人の意見を否定しないというルールがあったから、初めて自分の意見が言えた」などと授業後に感想を語る生徒たち。それを聞いた先生が、日頃はそんなに自分を抑え込んでいるのかと衝撃を受けていました。

また、心理的安全性を担保するためには、先生のあり方もきわめて重要です。威圧、操作、管理のモードではなく、承認、寛容、支援のモードであることが大事です。

さらに、先生が勇気ある自己開示をすることや、ブレストにおいては、生徒から「アホだな」と思われるようなレベルの低いアイディアをあえて出してみることも有効です。あ、そんなんでもいいの⁉と生徒の心のハードルを下げることで、何を言っても大丈夫という空気が教室に満ちていきます。

こんなふうにして、生徒が授業に自ら参加するようになっていくと、教室にポジティブなエネルギーが満ちてきます。学びの楽しさを実感する生徒も増えてきます。そうすることで、それぞれの生徒が本来持っていた「知りたい、わかりたい」欲求が生き生きと現れてくるのです。

＊

ここまで書いてきたクエストでも活用している仕組みは、生徒の心を動かすためのものです。ひとつの大きな物語の中で、自分が主人公として存在し、正解のない生きた題材に向き合ったとき、自らの心が起動し、学びが立ち上がり始めます。そしていったん回り始めた探求のエンジンは、この学びを終えた後もなおゆっくりと回り続けます。そうなると身の回りのあらゆるものが学びの素材であることに気づき始めます。そして、ありふれた日常の見え方、感じ方、考え方が変わってきます。

そこまでいくとしめたものです。教科の学びにおいても主体性を持って取り組むようになっていくし、何より生き方そのものが前向きなものに変わっていきます。

第3章

クエストエデュケーションとは何か？

学校の学びを、学び手である生徒中心につくり変えていくことについて、ここまで書いてきました。ほかから押し付けられた「やらされ」の学びではなく、自らの興味・関心に沿って主体的に積み重ねられていく学びは、終わりがなく、骨太で、自らの人生を支えてくれます。

私たちは学校を、どこかの誰かが見つけた知を子どもたちがありがたく学ぶ「知を費やす場所」から、子どもたちが自分たちなりの見方、考え方で世界と向き合い、その関係性のなかから新たな「知を生み出す場所」に変えていきたいのです。

そのことは、日本をイノベーションの国として豊かにしていくとともに、一人ひとりの子どもたちの人生をも豊かにしていきます。これはとても重要なことです。たとえ10年かかろうとも、日本が物心両面において真の意味で豊かな国となるための、最短最速の道がここにあるのだと確信しています。

その実現のために、私たちはクエストを開発し、学校に提供しています。私たちが学校で起こしている変化はまだまだとても小さなものです。しかし確実なものです。思いを共有する多くの先生たちとともに、毎日の教室を変える試みに取り組んでいます。

生徒が自らの力で歩むのを後押しする

ここで私たちが全国の学校に提供している「クエストエデュケーション」の概要について少し説明しておきたいと思います。クエストは学校の授業の中で年間通じて取り組まれるカリキュラムです。その名のとおり、「クエスト=探求」という学びを実践する仕組みを提供しています。教室でただ座って受け身で先生の授業を聞くのではなく、生徒が自ら感じ、考え、対話し、そこから新しい価値を創造していく授業です。総合的な学習の時間、情報、現代社会、ロングホームルームなどの時間に導入され、生徒は毎週の授業のなかで、ひとつのストーリーに沿って学んでいきます。

クエストには、テーマや学習目標に沿った10を超えるコースがあります。主なコースをあげると、教室にいながら実在する企業のインターンシップに参加して実務に取り組み、最後はその企業とともに未来をつくっていく企画を提案する「企業探究コース」。

リーンスタートアップ（コストをかけずに試作品を提供し、順次改良をくり返すビジネスの手法）などの最新の起業メソッドを使いながら、自分たちの日常のなかから全く新しい商品・サービスを生み出すことで、起業家精神とスキルを学ぶ「起業家コース」。

困っている人を見つけてどうしたらその人を笑顔にできるかをチームで考えることで、社会課題に向き合い、その解決策を社会に発信していく「社会課題探究コース」。

地域の企業が持っているリソースを発掘し、その組み合わせや使い方を考えることでイノベーションを起こし、地域の豊かな未来をつくっていく「地域探究コース」。

日本経済新聞の名物コラム「私の履歴書」を題材に、本田宗一郎、小倉昌男、森英恵《はなえ》や水木しげるなど、時代の先端を生きた先人の人生を題材にドキュメンタリー作品をつくることを通して、人生の意味を探求し、自己の価値観を育む「進路探究コース」。

さらに、「社会課題探究コース」には、英語版やショートの体験版プログラムも用意されています。

企業のインターンシップ、アントレプレナー、社会起業家、地域イノベーター、ドキュメンタリー番組制作者など、コースごとに異なる世界観のなかに入り、ある役割を担いながら生徒は自らの力で歩んでいきます。その歩みを後押しするための仕掛けとツールの塊が、クエストエデュケーションであるとも言えます。

生徒が使用するワークブック、動画教材、生徒が自らの学びの足跡をアーカイブしたり教室を超えて企業人などとコミュニケーションができるラーニングシステム、先生への研修、指導マニュアル、授業を訪問してのサポート、導入校が一堂に集まる最終発表会全国大会など、さまざまなツールが用意されています。

中学・高校をメインに、小学校から大学まで幅広い学校で導入されており、その数は毎年200校を超えています。年間3万人を超える生徒が、学校の正規の授業の中でクエストに取り組んでいます。16年間で延べ1400校、22万人以上の生徒が取り組んできました。

クエストの3つの目的

クエストの目的は大きく3つあります。ひとつは「生徒が自ら学び、成長する」こと。答えのない問いに挑み、オリジナルの答えを自ら見つけていく体験を通して、学ぶ楽しさを知り、変化の多い時代を生き抜く基盤となる考え方や、生涯学び続ける意欲を育んでいきます。

ふたつめは「学校が学び合いの場となる」こと。チームで課題に取り組むことを通じて、他者と自分の違いを知り、受け入れることで他者に心を開き、互いに学び合うことの楽しさを知るようになります。教室に心理的安全性が確保され、そこで目的を共有することで創造的な場が生まれます。そのようにしてクラスの中の関係の質が高まれば、共感力が高まり、一人ひとりの生徒の心に余裕が生まれ、あらゆる学習のための安定した雰囲気が醸成されていきます。

そして3つめが「社会とつながり、社会を変える」こと。実在する企業や目の前にある社会課題を題材に学ぶことで、生徒には「生きた」学びが起こります。社会に興味・関心を持ち、踏み込んで具体的に考えてみることで、社会の中に自らの居場所があること、もしなければつくればよいことを知ります。人生に対して前向きな展望を持つようになり、複雑化する社会を当事者として生きて、未来をよりよくつくり変えていく人となります。

そして、そのような学びに伴走する先生や企業人などの大人たちも変容します。「自分は知っている」という思い込みを手放し、正解のない未来に真摯に向き合うことで、自身の人生や仕事において新たな視点、新たな価値観を持つことができるようになります。

現代社会には、知識の量を増やし、合理性を磨くだけでは解決できない問題が山積していることを知り、自らの生き方、考え方に深いレベルの変容が起こります。通常の業務や企業研修では起こすことのできない精神面の発達が起こり、組織を変え、社会を変え、未来を変えていく人材として育ち始めます。

「ワイルドに！」自分から体験する

それでは、クエストの授業では具体的にどのような取り組みが行われて、そこでどのような学びが起こっているのでしょうか。クエストの全プログラムのなかで、創業時から展開し、取り組む生徒数が最も多いのが「企業探究コース」です。「企業探究コース」の流れに沿って詳しく見ていくことにしましょう。

「企業探究コース」では、生徒は教室にいながら、実在の企業のインターンシップに参加し、企業から出されるいくつかの課題に答えていきます。全体の流れは**図4**のとおりです。２０２０年度、生徒のインターンシップを受け

図4　企業探究コース（全24コマ）の流れ

※一つのセクションは45分の授業6コマで構成されています。

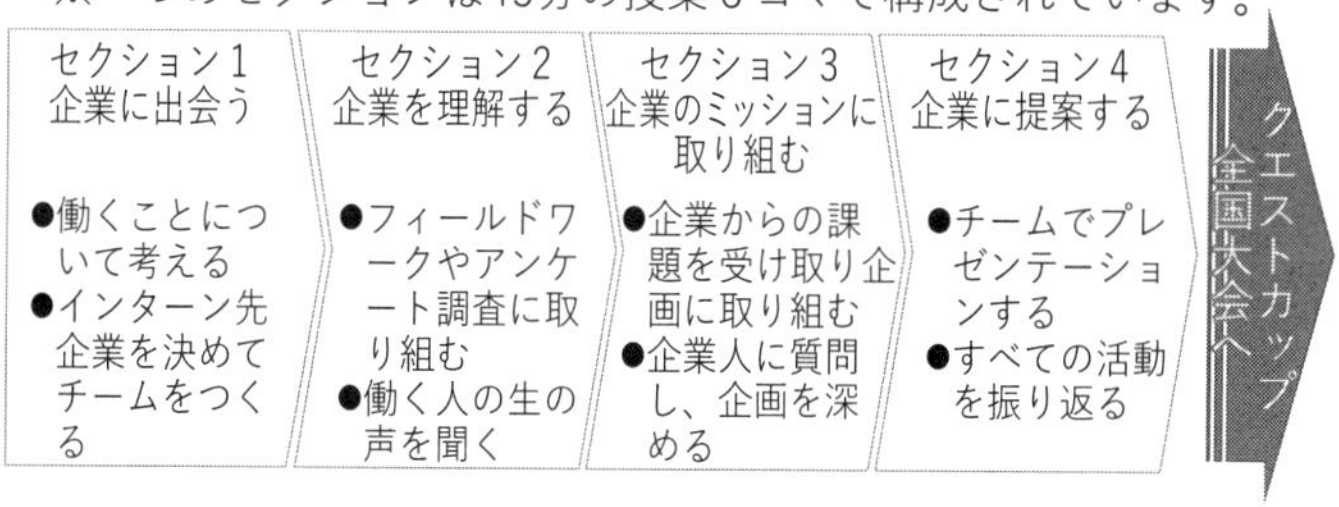
セクション1
企業に出会う
●働くことについて考える
●インターン先企業を決めてチームをつくる
セクション2
企業を理解する
●フィールドワークやアンケート調査に取り組む
●働く人の生の声を聞く
セクション3
企業のミッションに取り組む
●企業からの課題を受け取り企画に取り組む
●企業人に質問し、企画を深める
セクション4
企業に提案する
●チームでプレゼンテーションする
●すべての活動を振り返る
クエストカップ
全国大会へ

入れる企業は、朝日新聞社、アデコグループ、カルビー、大正製薬、大和ハウス工業、テレビ東京、博報堂、パナソニック、富士通、三菱地所、メニコン、吉野家の12社です。

コース導入のためのオリエンテーションの授業を終えると、生徒は各企業からのインターンシップ募集の動画を見ます。実際の社員が登場し、生の言葉で自社の事業内容や企業理念、文化や魅力について語り、自社へのエントリーを呼びかけます。生徒はそれを見て意中の企業をひとつ決めます。それに沿ってチーム分けが行われ、教室内にカルビーチーム、大正製薬チーム、大和ハウスチーム……といった具合に4~6人ずつのチームが複数できます。このチームが、企業からの課題に協力して取り組むインターンシップチームです。

チームとして最初に取り組む仕事は、フィールドワークです。コースのなかでは「新人研修」と位置づけられています。街に出かけて、自らがインターンシップに参加する企業がどのような活動をしているのかを実際に自分たちの目で見てきます。

朝日新聞チームは地元にある朝日新聞の販売店をのぞきに行ったり、大和ハウスチームは住宅展示場に家を見に行ったり、カルビーチームはコンビニに出かけてカルビーにはどんな商品があるのか、棚のどのあたりに陳列されているのかを調べてきたりします。

単にインターネットで企業の情報を検索するだけではなく、足を使って現場に出向き、五感を使ってその企業が実際に活動しているさまをしっかりと見て、感じて、味わってきます。

通常の社会科見学や職場体験の場合、どこに行って何を見てくるのかが明確に指示されていますが、クエストではどこで探せばいいのかの指示もありません。最初は生徒も戸惑いますが、ネットで調べたりチームで話し合ったりしながらどこへ行けばその会社に出会えるのかを自分たちで考えて、仮説を立てて動き出します。

過去には今年の12社以外にもいろいろな会社がクエストに参画してくれましたが、例えばスカパーチームの生徒たちはスカパーをなかなか見つけることができずに途方に暮れていたところ、団地のベランダにスカパーのアンテナを見つけて大喜びをしたり、また、野村證券のインターンシップに参加した女子中学生がドキドキしながら店舗の扉を開けて、スタッフに話しかけて1枚のパンフレットをもらってきたりということもありました。

キーワードは「ワイルドに！」です。お仕着せの社会科見学と自分の意思で扉をノックすることで得られる体験は全く異なるものです。リアルな社会の中での「宝探し」のようなゲーム的要素が、生徒のモチベーションを後押しします。「自分から」何かを始める体験です。

体を使って苦労してデータを得る

次に生徒が取り組む課題はアンケート調査です。フィールドワークで現場を見てきた後は、今度は街に生活者の生の声を聞きに行きます。アンケート調査は、コースではインターン生としての「初仕事」と位置づけられていいます。街に出て道行く人をつかまえては、自社の商品の利用状況やその商品カテゴリーについての意識や生活実態についてアンケート調査を行います。

街頭で見知らぬ人に声をかける活動は、大人でも抵抗があるものだと思います。しかし、勇気を振り絞ってやってみると、意外に答えてくれる人が多く、生徒たちはそのことに手応えや喜びを感じ始めます。

子ども連れの人はゆっくり歩いているので答えてくれやすいとか、最初の笑顔と明るい声かけが肝心だとか、自分たちなりのノウハウを発見し、回答率を上げるためのやり方を主体的に考え始めます。

そうして集めたデータを性別や年齢、調査したエリアなどの要素によってどのように傾向が異なるか分析し、そこから新たに発見したこと、考えたことをまとめてレポートします。体を使って苦労して得たデータは、単に検索ボックスにワードを打ち込んで出てきたものとは違うということを体験的に学びます。情報というものの実際的な意味や大切さについて学ぶことができます。

ミッションを自分ごととして受け取る

授業に取り組むペースは学校に任されています。毎週の授業で実施し年間を通して取り組む学校もあれば、週に2時間確保し2学期に集中して取り組む学校もあります。

通常の場合、フィールドワークやアンケート調査などの企業の実務に慣れていく活動を1学期に終えて、2学期からは後半戦、各企業から出されるミッションと呼ばれる課題に取り組みます。生徒はミッションを受け取り、チームで企画会議や調査、検証、企画の磨きあげを行い、最終プレゼンテーションまで持っていきます。企業から出されるミッションは、各社の企業理念を踏まえたもので、社会性、公益性の高いものです。そして、誰にも正解がわからない未来志向の課題です。

たとえば大和ハウスからは「人が生きる原点を支える大和ハウスの世界に広がる新商品を提案せよ！」というミッションがインターン生である生徒に与えられます。これは、大和ハウスの企業理念に直結したものです。「共に創る。共に生きる。」という姿勢で、世のため人のためになる事業を生み出し、持続的に発展させていこうという大和ハウスの精神がミッションに盛り込まれています。

生徒たちはこの頃にはすでに、インターン生としてフィールドワークやアンケート調査などの仕事をひととおり終えていますから、自分が担当する企業についてのおおまかな理解や愛着のような感情が生まれています。インターン生としての意識が芽生えかけたことで、この抽象度の高いミッションを自分ごととして受け取ることができるのです。

本音で語ることのカタルシス

生徒は最初は戸惑いながらも、次第に意思を持って話し合いを始めます。まずはミッションを分解し、「人が生きる原点」というフレーズを取り出して、これはいったいどういうことだろうか？と普段の生活ではなかなか向き合うことのない哲学的な命題について真剣に考え始めます。

ある生徒は「人が生きる原点は食じゃないかな」と言い、またある生徒は「家族だと思う」と言い、他の生徒は「音楽だ」「いや、やっぱり愛でしょ」とそれぞれの異なる考えを言葉にしていきます。まさに正解はありませんが、互いの本音がにじんだ言葉を聞くうちに皆が心を開き、話し合いの場は次第に深まっていきます。

でもこれが、たとえば道徳の授業とかだったらどうでしょうか？「今日のテーマは『人が生きる原点』だ。チームでディスカッションしてそれぞれの答えを見つけてほしい」と先生に言われても、あまりに直接的な問いにいきなり本音で話すことはむずかしく、引いてしまって「先生、それは無理やわ〜」という反応が返ってくるだけでしょう。

しかしクエストの授業では、「私は大和ハウスのインターン生だから」という役割にいったん入ることで、ほんとうの自分は安全圏に置かれ、そのことで逆に少しずつ本音が話せるようになっていくのです。常に空気を読み、会話の流れる方向になんとなく自らを合わせ、なかなか本音を話すことのない彼ら、彼女らが、思わず学校の授業の中で自らの内面を吐露してしまうことになるので、これは一大事です。クラスメイトの今までと違う側面を見て、互いがそれを受け入れていくことで、自ずとチームのテンションも上がっていきます。

ミッションにはブレインストーミングの手法を用いて取り組みますが、このルールがこれを後押しします。

できるだけたくさんのアイディアを出そう、粗雑乱暴な意見・変な意見こそ大歓迎、人の言うことを否定してはいけない、むしろ受け止めて肯定して、そこに乗っかっていこう。

フラットで開放的な空気がつくられ、次第に子どもたちは解き放たれていきます。

最初は固くうつむいて口を閉じている子どもたちも、ここはほんとうに安心、安全の場だと感じて、次第に重い口を開きはじめます。自分の発言を「いいね!」と、仲間からテンポよく肯定されるので思わず楽しくなり、気がつけばどんどん話すようになっていきます。授業後に行うアンケートのなかでも、子どもたちからは「ブレストが一番楽しかった」という声が多く聞かれます。

いい企画が考えられたとか、すばらしいプレゼンテーションができたというのももちろん嬉しいのだと思いますが、普段のスクールカーストや自らに貼り付けられたレッテルのなかで窮屈に生きている彼らが、それを脱ぎ捨てて本音で話すことのカタルシスが生理的な喜びとすらなっているように感じます。

子どもたちは未熟な大人ではない

そうやって本音をぶつけあって練り上げた自分たちの理想の世界のイメージをどうしたら現実のものとできるのか、リアルな事業、商品、サービスへと落とし込んでいきます。この自分たちが描いた理想と現実の間に橋をかけるところに、「企業探究コース」の醍醐味があります。

企画をつくるフレームワークやマーケティングの手法なども学びながら、自分たちならではの企画をまとめ上げていきます。

この年の大和ハウスのミッション「人が生きる原点を支える大和ハウスの世界に広がる新商品を提案せよ！」に対しては、たとえばこんな企画が提案されました。人が生きる原点は「思い出」と説いたチームは、「人は思い出により生かされている。だから家族の思い出をずっと刻み込み記憶するためのサーバーがあらかじめ組み込まれている家」を提案。

また、人が生きる原点を「利便性を求める進化の力」と説いたチームは、「リニアモーターカーの技術を駆使して高速で安全な宇宙エレベーター」を提案。

人が生きる原点は「温かい食事」と説いたチームは、「復興支援のボランティアに参加した経験から、冷たい味噌汁を飲んでいるおばあちゃんは癒されてなかった。人は温かい食事で癒されるとして、大和ハウスの世界屈指の断熱技術を使って袋をつくり、その中に使い捨てカイロなどで使用される発熱剤を入れることで、お弁当や缶コーヒーなどがいつでもどこでも温められる」と提案しました。

どれも、大人の想定をはるかに超えた提案ばかりです。「人が生きる原点」という普遍的かつ本質的価値をとことん探求し、そこから出される企画に関しては正解はなく自由であるという構造が子どもたちの創造力を発露させるのです。

この頃になるとメンバーそれぞれの得意、不得意もわかり始め、自分たちのチームの文化やアイデンティティも生まれ、当たり前のようにスムーズに協働していきます。それまであまり反りの合わなかったチームにおいてもです。

そして、そんなチームが行うプレゼンテーションは、そのチームらしく、エネルギーがあって、魅力的なものになっていきます。企業探究コースとして設計された大きな枠組みのなかで、生徒たちは自由に失敗と学習を繰り返しながら成長していくのです。

それぞれの教室や学校で最終発表会を行い、授業としては修了しますが、次なる舞台として「クエストカップ全国大会」が用意されています。全国から学校を超えて生徒が一堂に集い、思い思いのプレゼンテーションを繰り広げる学び合いの場です。そこには、企業人や有識者など多くの大人たちがいて、子どもたちのプレゼンテーションを受け止めてくれます。

2021年のクエストカップには、3587チームの応募があり、そのなかから事前審査を通過した200を超えるチームが本大会に出場します。クエストカップ全国大会は、ここまで1年間かけて練り上げてきた自分たちの企画を社会に向けて発信する場です。生徒の真剣なまなざし、ど真ん中の本質をつく提案、自分たちらしい感性が生かされた企画、気持ちがあふれる本気のプレゼンテーションに圧倒されます。子どもたちは決して未熟な大人ではありません。確かに経験と知識の量は大人が上回っているかもしれませんが、子どもたちは社会を生きていくうえで必要な本質的な力をすでに持っていることを私たちに教えてくれます。

教師が変わる。企業人も変わる

ここまで伴走することで教師にも変化が見え始めます。今まで自分も通ったことのない道を生徒とともに歩んできたので、その歓びはまた格別です。「信じる」「感じる」「待つ」「一緒にいる」というファシリテーションの要諦がやっと身をもって実感できることでしょう。そしてよく知っているはずの生徒たちの全く知らない表情、隠された力にただただ驚くのみです。

このとき、教師としてのＯＳ（オペレーティング・システム）の更新が起こります。自らが知っていることを生徒に教え込まなければならない。自らが常に完璧で範を示さなければならないという固い思い込みを手放し始めます。

そうすると、その教師が教える教科の授業も変わり始めます。数学も、国語も、理科も、正解の教え込みから対話型の授業へと少しずつ変わり始めます。生徒が主体性を発揮するようになり、教室の雰囲気が変わり、活気ある学校へと変化していきます。総合的な学習の時間などの授業で実施する場合は担任の先生が受け持つことが多いので、年度が変われば新しい先生がクエストを担当することになります。3年もすれば先生が一巡するので、その学校のかなりの割合の先生がクエストの指導経験者となります。そこまでくれば、学校文化は柔らかく創造的なものとして醸成されていきます。

また、同じく生徒の学びに1年間伴走した企業人も変わりはじめます。学校を訪問し授業に参加し、ついつい教えたくなっても答えを与えることをせず、生徒が自ら考えるようにサポートすること、できていないことをあげつらうのではなく、できていることを心から承認すること、まったくやる気のない生徒にも人として向き合うこと、自らの言葉で企業理念を語ること。これらのことを通して、仕事でも活かせる伴走型のリーダーシップを学びます。

現代は、リーダーシップの概念が大きく変化している時代です。強く、先を見通して、皆を統率して導くリーダーよりも、メンバーを受容し、対話し、複雑な状況下で方針を決め、メンバーが持つ多様な力を存分に引き出しながら現実を動かしていくスタイルのリーダーが必要とされています。それは社会の変化のスピードが高まり、この予測困難な状況は、硬直的なマッチョスタイルのリーダーでは乗り越えることがむずかしくなったからです。

考えるだけではなく感じることで変化の兆しを敏感に感じ取り、それぞれの人には多様な能力があることを知り、また、それぞれの能力は、信頼、安心、楽しさなどの心の共通の基盤を整えることで有効に発揮されることを知り、その力をかけ合わせて目標に向かわせる術を知っておくことが、現代の社会で働くうえではとても必要なのです。

しかし、残念ながら企業の中で普通に働いていても、そのような力が育成される機会は以前より減ってきたように思います。縦横のコミュニケーションは希薄化し、ロジカルな合理性や成果のみが求められるようになり、踏み込んだ人間関係や感性の力はあまり大切にされないようになりました。クエストにおける生徒との交流を通じて、企業人はそのようなことを学ぶ機会を得ていきます。

社内でも豪腕で部下を叱り飛ばしていた管理職の方が、クエストで学校訪問を重ねるうちに大きく変化された事例があります。部下の方曰く、クエストを経験して、穏やかに人の話に耳を傾けてくれるようになり、まるで別人のようです。ご本人もクエスト経験がご自身の人生観を変えたと言います。心を通わせて他者を受け入れられるようになったと。数年後、その方は取締役に就任されました。クエストで自分の考え方、生き方が変わったおかげだと今でもお会いするたびに感謝の言葉をいただきます。

若手の女性技術者が学校訪問をし、生徒から「○○さんが、仕事をしてきたなかで、もっとも企業理念を実現できたと思う仕事について教えてください」と問われたことがあります。彼女は想定外の問いにドギマギしながら、なんとか経験を高速で振り返り、内なる思いを探索し、答えを絞り出します。終了後「これまで社内で受けたどの研修よりも厳しかった」と私にフィードバックをくれました。生徒たちの純粋な瞳を前にはうそやいい加減なことは言えません。瞬間的な振り返りではありますが、「私は企業理念というものにどのように向き合い実践しているのか」、本気の内省から得られた気づきは大きかったと思います。

またある企業の現場の担当者はこんなことを言っていました。

「学校を訪問すると多くの生徒に出会います。しかし、一人の生徒とコミュニケーションできるのはほんの5分もない。ですから、ただ漫然とやりとりをするのではなくて、彼らの心に一生残る問いをこちらが投げかけることができるかということを大切にしています。決して簡単なことではありませんが、それが企業が教育にかかわらせていただく責任だと思うのです」

その方は、学校を訪問する前にその学校のことをていねいに調べ、まだ見ぬ生徒たちとどのようにかかわることができるか思いをふくらませるといいます。そして訪問後は、その時間がどうだったのか振り返り、その日見たもの、感じたこと、考えたことのすべてをノートにしたためているとのこと。すでに担当を離れたその方は、何冊にも及ぶそのノートを今も見直して、自らのあり方を振り返るといいます。

大人の成長も、子どもと同様、さまざまです。まさにその人らしい、魂の輝きとでも呼びたくなるような変化を見せてくれます。探求的な学びはそのような力を持っているのです。

効率や「べき論」では創造は生まれない

この章の最後に、クエストを受講した生徒の反応を、アンケート結果をもとに紹介したいと思います。2018年に、「未来の教室」実証事業という経産省の委託事業で、福岡県の舞鶴高校でクエストを実施しました。国の公募事業だったため効果検証を目的として、詳細なアンケートを行いましたの

図5　「未来の教室」実証事業　プログラム受講生徒アンケート
舞鶴高校（N=62）

授業とその取り組み、成果に関する振り返り	1 とても あてはまる	2 まあ あてはまる	3 あまり あてはまらない	4 まったく あてはまらない
Q0（A）この授業を受講したことで気づきや学びがあった	90.2%	9.8%	0.0%	0.0%
Q0（B）この授業を受講したことで社会（企業や住んでいる地域、その他社会）のイメージが広がったり深まった	78.7%	21.3%	0.0%	0.0%
Q0（C）この授業を受講したことで自分自身の考え方や姿勢に前向きな変化があった	54.1%	42.6%	3.3%	0.0%
Q0（D）他のチームと比べて、よい企画ができたと思う	49.2%	36.1%	14.8%	0.0%
Q0（E）考えた企画に自分としては満足している	63.9%	23.0%	13.1%	0.0%
Q0（F）この授業に熱心に取り組んだほうだと思う	67.2%	27.9%	4.9%	0.0%
Q0（G）この授業に対する自分の取り組みに満足している	45.9%	39.3%	11.5%	3.3%

で、その一部を抜粋し、以下に紹介します（**図5**）。

「気づきや学びを得た」「社会のイメージが広がり深まった」と回答した生徒は、「とてもあてはまる」「まああてはまる」のポジティブ回答を足すといずれも100%です。また、「自分自身の考え方や姿勢に前向きな変化があった」の項目でも、ポジティブに回答した生徒は96・7%にのぼりました。生徒自身の意識変容、態度変容がとても大きなものであったと思われます。

また、プログラム受講の前と後で同じ質問をして大きく変化のあった項目

図6　クエスト受講前後の生徒の意識の変化

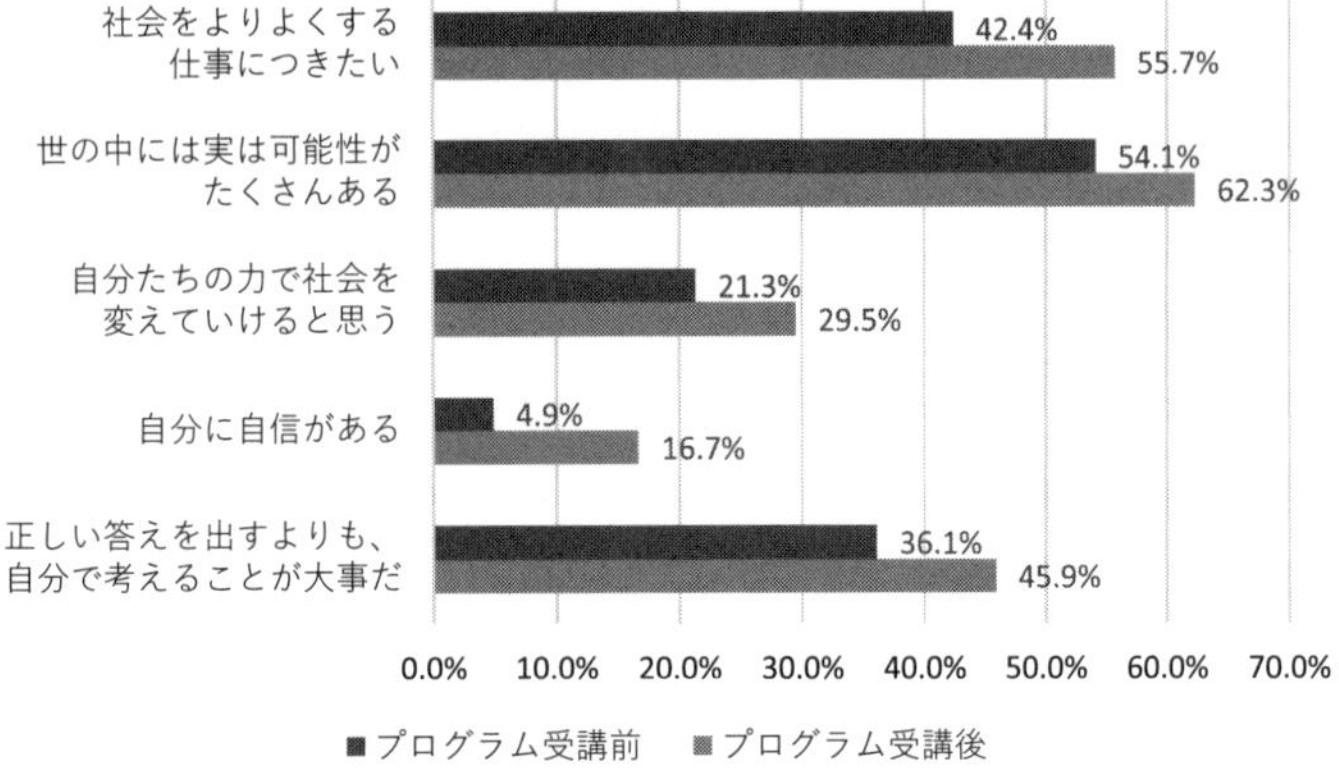

をみてみると、「自分に自信がある」「社会をよりよくする仕事につきたい」などの項目については、「とてもあてはまる」と答えた生徒が10ポイント以上も増えたという結果が出ました。「正しい答えを出すよりも、自分で考えることが大事だ」「自分たちの力で社会を変えていけると思う」「世の中には実は可能性がたくさんある」という項目も8ポイント以上高まっています（**図6**）。近年課題としてよく指摘される、日本の子どもたちの自己肯定感や自己効用感が高まっていることが如実に表れています。

記述式の回答においても、自らの学びの深さや意識の変化について詳細に語ってくれるものが多くみられました。いくつか以下に紹介したいと思います。

自分の中で大きく変化したことがある。それは、「一つのことにこだわりすぎない」ことだ。話し合いをする時や考えを述べる時に関係のない話をされると、ついイライラしてしまっていた。しかし、「良い案を出そう」とすればするほど、話が進まず、逆に何気無い話をしている時に思いつかないような案を出せた。とても不思議なことだが、今までにはない新しい発見だった。

新しい価値を生み出すためには心のありようがとても大事だという本質的な気づきです。効率ばかりを重視したり、「べき論」を押しつけたりするだけでは創造（クリエイション）は起こらないことを体験的に学んでいます。

目標を定めてロジカルに追い込んでいってもイノベーションは起こらないという知恵は、企業社会においても有効なものです。

みんなの得意を引き出すリーダーシップ

リーダーシップについての学びも見られました。パワーで引っ張る過去のリーダーシップスタイルではなく、話し合い、力を引き出し、チームで協力して目標達成に向かう21世紀型のリーダーシップのスタイルを自然に学んでいるところがすばらしいと思います。

グループで何人かの人とこれほど活発に意見を言い合うのは初めてのことでした。1回目や2回目の授業では、同じクラスの子でも慣れずに、自分の意見を口に出せずにいたりしていましたが、回数を重ねていくうちに自分の意見を話せるようになりました。そして、次のステップ「地元企業のイノベーション」これはとても難しそうだと聞いたとき感じました。さらにグループのリーダーになり、責任も増えて、ますますそう感じました。自分の意見を話せるようにはなりましたが、まだまとめることもできないなど色々不安がありました。グループのみんなと協力して話し合ったり、まとめることで、話し合いのレベルやチームワークをとても高めることができました。リーダーらしくはなかったかもしれないですが、全部自分でがんばるのではなく自分が得意な分野からみんながそれぞれ持ちよってリーダーが合わせるだけでもいいのではないかと思いました。そう考えると心が軽くなりました。その後プレゼンテーションに向けてでも自分ができないことは他のできる子にお願いすることも大切だと感じました。

最後は心理的安全性が高まり、チームのエネルギーが高まり、納得のゴールにたどりついた経験です。自分たちは無力ではないかという恐れを手放し、一歩を踏み出したとき、その場が変わっていきます。そこからチーム全体のエネルギー値が高まり創造性が満ちていきます。

私はこの企画に参加するまで、高校生というまだまだ未熟な存在の私たちが、企業やビジネスという見たことも体験したこともないものをほんとうにイノベーションすることができるのかと、とても不安でいっぱいでした。でも、実際に学校内をイノベーションしたり、企業を訪問する中で、たくさんのアイデアが浮かんできました。そのアイデアをチームのみんなと協力して問題点を見つけては解決し、見つけては解決し、を繰り返しながら一つの形にしたとき、自分で言うのはちょっと照れますが、皆をあっと驚かせられるようなアクションプランをつくりあげることができました。その時、私はあることに気づきました。それは企画に参加する前のすごく不安だった気持ちがすっかり消え去っていたことです。これはチームのみんなの自分では想像もつかなかったアイデアや、すごい発言力をまのあたりにして、尊敬する気持ちや悔しい！　でも楽しい！　もっと良いアイデアを‼という気持ちで満たされていったからだと思います。このような体験は自分一人では絶対にできないものなので、今回学んだ様々なことをこ

れから一生の生活に役立てていけるようにどんなことも全力で頑張りたいです！　ほんとうにありがとうございました‼

いま、社会でも求められているのはまさにこのような力だと思うのです。厳しい競争環境のなかでなんとか戦い抜き目標の数字を達成する。徹底的な合理化を図りコストを最大限圧縮する。企業経営においてはとても大切なことです。

しかし、それだけでは人は枯れてしまいます。いつも上司の顔色をうかがい、失敗を恐れ、目立たぬようにやり過ごす。そんな組織からは新しい価値なんて生まれてきません。ほんとうに社員一人ひとりが躍動した心の状態にあり、自らの創造性を発露したときに新たな可能性が拓き、そこから企業の未来が拓かれていきます。

教師は生徒を信じて待つ

授業を担当した教師の意識変容にもみるべきものがありました。同じくプログラム終了後のアンケートの自由記述より抜粋して紹介します。

今までの教員生活の中で生徒に対して行ってきた教育活動を振り返ってみると、どうしても知識を伝えたり、生徒が失敗しないように先回りして色々なものを準備したり、そういうことが多かったと思います。しかし、今回のプログラムを通して、生徒に判断や思考を委ねることで生徒自身に様々な変化が生まれたことを目の当たりにしました。そういう接し方というものがあるのだということを勉強させられました。

生徒自身による学びは、こちらが信頼して待ってあげなければいけない分、がまんしきれず口をだして、生徒が変わりきる前にその芽をつんでしまっていたのではないかという気がした。いつもは、生徒がやらないのは生徒自身の責任だと思っていたが、こちらの準備不足だったように思う。

どちらも探求学習の本質を突いた言葉だと思います。教師がやることは、知識を伝える「指導」ではなくて、生徒が存分に探求できるための「準備と後押し」です。そのセットアップが整えば生徒は自ずと動き始めます。入念な準備と信じて待つこと。これまでの教育観とは全く異なる考え方だと思いますが、このお二人の先生には見事にその意識のシフトが起こっていると思います。この先生方が教える通常の教科の授業においても少なからず変化が起こることが期待されます。

短期間で生徒が成長しました。ここまで生徒の主体性が引き出される授業は、新鮮であり、なおかつ驚きでした。参加生徒の表情が、どんどん明るくなり、生き生きと楽しく授業に参加している様子が見て取れました。それにつれて、積極的な発言や提案が目立つようになり、こんな授業を望んでいたのだと気づかされました。我々教員が、用意した正解に導くのではなく、生徒自身が課題を設定し、その解決に向けて考えさせる授業を実践すれば、生徒に意欲や積極性が生まれるのだと感じました。知りたいという欲求や知らなければならないという必要性を体験から悟らせることが効果的であったと思います。しかし、そのためには、教員が細かな指示をせずに待つこと、生徒が安心して、自由に発言できる雰囲気をつくることなど、これまでに実践してきた授業を強く望んでいます。よって、これからの社会ではどのような力が必要とされているのかを明確に伝えていくことが大切であると感じました。

これはこのプログラムにもっとも熱心にかかわり、生徒に寄り添い、学びに伴走してこられた先生のコメントです。それだけに深い気づきがあります。大人として上から教えくだすのではなく、ともに学ぶ一人の人間として、この場に純粋にかかわっていたことがこの回答から見えてきます。

＊

「自分は知らない」という心のあり方が、新たな知を創造する。これが生成的な学びを成立させる大前提にあるのです。探求学習で起こすべきことは知識の伝授ではなくて、意識の変容です。生徒の世界観の変化と言ってもいいかもしれません。

「世の中にはほんとうに正解はなく、多くのまだ見ぬ可能性に満ちている。自分は自由で創造性に満ちている。社会は少しずつでも変えることができる。それゆえに人生は生きるに値する」

生徒が心の底からそう思えたら、それで教育は成功ではないでしょうか？

第4章

探求学習で進化する学校

――大阪・常翔学園

キャリア教育を重視する高校

常翔学園高等学校は、以前、大阪工業大学高等学校と呼ばれていた学校です。ラグビーの伝統的強豪校で、２００８年に常翔学園に名称変更しました。時代の流れを踏まえて「工業」を校名から外し、女子生徒の割合を増やし進学校として生きていくという戦略でした。

花園で何度も優勝旗を手にした「大工大」という名前がこの世からなくなることを、ラグビー好きの私は大いに憂いましたが、同校の戦略は成功したと言えるでしょう。校名変更から10年を経て、女子生徒の割合は大幅に増え、進学実績も大きく向上しました。スポーツも勉強もこなす共学の進学校として、少子化のなか募集倍率を伸ばしています。常翔学園の名前は、大阪北部の雄としてしっかりと定着した感があります。

クエストを導入したのは校名変更をする直前、２００６年のことです。同校の教育理念は「『自主・自律』の精神と幅広い『職業観』を養い、目的意識を持った進学の実現により、将来、実社会で活躍できる人材を育成する」。

高校では珍しく教育理念に「職業観」「目的意識を持った進学」を掲げる同校はキャリア教育を重視しており、高校生の希望者に職場体験プログラムを課していました。

しかし、在校生2000名を超える生徒たちを受け入れてくれる企業を探し、一社一社交渉していくのは大変なことです。そして、職場体験は、職場で実際に何をどのように体験するのか、そのための事前事後の学習はどのように設計されているのかが大切です。中途半端な職場体験でむしろ仕事が嫌いになるというケースもあります。

受け入れ側の本気度や準備に左右される側面が大きく、職場体験は手間がかかる割には効果が担保しにくいと考えていた同校の先生たちは、クエストの存在を知るとすぐに導入を決めました。教室にいながら企業のインターンシップに参加すること、アンケートやフィールドワークなどの実務をこなしながら、企業理念を理解し、そこから新しい商品やサービスを考え出していくことは、実際に職場に赴くことよりも、企業活動や働くことの意味を知るうえではむしろ有効だと判断したからです。

学び合う教師、学び続ける教師

導入のプロセスも周到でした。当初の段階では、このようなプログラムに関心を持ちそうな数名の先生をキャリア教育プロジェクトチームとして指名し、その先生たちが1年生全クラスの授業を行うこととしました。1学年に16クラスあるので、毎日どこかのクラスでクエストの授業があることになります。授業実施後の振り返りをプロジェクトチームの先生たちのなかで毎回共有することで、ノウハウがどんどん磨かれていきます。ひとつのステップを全クラス終えるころには、すっかり洗練された授業の進め方が確立され、メンバー共通のノウハウとして蓄積されていきます。

そのためチームの先生たちは、毎日のように職員室のどこかでミーティングをやっているのですが、その様子を外から見て、他の先生たちはいかにも大変そうだと案じていました。

しかし、そんな先生に対して校長先生はこう言っていました。

「通常の教科の指導法だって年々進化しているし、こうして先生同士が話し合って、学び合って、ノウハウを共有しながら高め合っていくことがむしろ本来のあるべき姿だと思います」

学び合う教師、学び続ける教師の存在が、学校の教育の質を高めるうえでいかに大事か、本質を突いた言葉だと思います。

そうして導入から3年も過ぎた頃から、クエストの授業運営を、キャリア担当プロジェクトチームの先生たちから各クラスの担任の先生たちにゆっくりと引き継いでいきました。校内のより多くの先生方にクエストにかかわってもらうことで、先生方の教育観を更新することを意図してのことでした。

実際、新たにクエストの授業を担当することになった先生たちに研修を実施した際には、「なんでこんなプログラムをやるのか意味がわからん」「会社のことなんか、大学でやればいいんちゃうん」とネガティブな姿勢の先生方もいました。

しかし、おもしろいことにこのような先生たちこそ、生徒が熱心に取り組んでいくさまをみて、探求の魅力に取り憑かれていき、嬉々として授業を実施されるようになっていきました。こだわりのある先生ほど生徒の学びに真摯です。こうして常翔学園にクエストはしっかりと根づいていきました。

600名の生徒が本気で没入する「常翔カップ」

毎年、年度の後半に、校内発表会「常翔カップ」が開催されます。1学年16クラスそれぞれの代表チームが自分たちの企画を大ステージでプレゼンテーションし、優秀作品が選出され表彰されます。600名を超える生徒に加えて、保護者や来賓、全国から他校の先生たちを招いての大きな大会はさすがに校内の施設ではまかないきれず、外の大きなホールを借りて開催されます。

正式感のある厳かな会場で繰り広げられる生徒たちの発表は非常にクオリティが高く、彼らから放たれる本気のエネルギーは圧巻です。大人たちが思わず唸ってしまうような本質を突いた提案、大笑いしながら感動で胸が熱くなるプレゼンテーション、半日見ていてもまったく飽きることのない発表ばかりです。

この「常翔カップ」を参観に来て、自校へのクエストの導入を決めた先生が何人もいます。ある先生はこのように言いました。

「あれだけの数の生徒が一体感を持って本気で取り組んでいることに驚きました。クラス代表に選ばれて発表する生徒はもちろんすばらしいのだけれど、客席で見守る発表をしない生徒たちがステージに集中して全力で応援している。そしてこの場を存分に楽しんでいる。クエストには、学校の文化を根本から変えていく力があると思いました」

プレゼンのパフォーマンスだけではなく、生徒が本気で没入し、この場をせいいっぱい楽しんでいること、その結果、会場全体の空気がひとつになり、たとえ失敗しても受け止めてくれるという受容的で前向きな練られた空気を感じたのです。冷笑的な雰囲気に流されがちなこの世代の生徒たちのことを思うと、これは得がたい大きな価値だと感じられたのだと思います。

そして常翔カップは最近さらに進化しています。クエスト導入当初は、教師が企画・運営を考え生徒に指示を出していたのですが、今では1年生のときにクエストに目覚めた生徒たちが2年、3年次に主体的にカップの大会運営をするようになりました。

彼らは大会の立案からプログラムやポスター作成、進行から受付・司会まですべてをこなしています。カップ当日の朝、会場に行くと、上級生たちが今から始まる大会の準備に向けて円陣を組んでいる様子が見られます。1年生は、そんな先輩のカッコイイ姿に憧れ、カップの運営が引き継がれるというよい循環が生まれています。

生徒が内発的動機に目覚め、主体的に学ぶ

常翔学園は、確かにこの10年で大きく変わりました。男子生徒が中心の少々いかつい学校から、男女バランスのとれた校内の雰囲気がとてもオープ

ンな進学校へと変貌を遂げました。偏差値も10近く上がり、国公立大学への進学者は過去8年で6倍になり、関関同立の合格者は300名を超えるほどになりました。これはもちろん、指導された先生方、そして何よりも必死で勉強に取り組み、合格を勝ち取った生徒たちの力によるものであることは言うまでもありません。

しかし、ありがたいことに、この成果をクエストが後押ししたと常翔学園の先生たちは言ってくれます。もしもクエストに少しでもそのような効果があったとしたら、その観点はいくつかあります。

ひとつめは、生徒一人ひとりが内発的動機に目覚め、主体的に学ぶようになることです。自らが企業のインターン生として新しい商品やサービスを考えたり、企業人と本気のやり取りをするなかで自分が何をやりたいのか、どんなことを大事にしたいのか、次第に明確になってきます。視野が開けると人は自ずと動き出します。学ぶことの意味や楽しさを知り、そこからつながる未来を展望し主体的に学ぶようになります。ただやみくもに偏差値の高い大学に合格したいというのではなく、学びたいことのため、将来やりたいことのために、もし大学受験というハードルがあるのならば、それくらいは軽く突破していこうと考えるようになり、自ら力強く学び始めます。

クラスの関係の質が向上する

ふたつめは、クエストに取り組むことで、クラスの関係の質が向上するためです。企画を考えるために、生徒はブレインストーミングに取り組みます。ブレストとは文字どおり、脳に嵐が起こるように瞬発力をいかして思ったことを何でも言ってみて、それらを膨らませ、新しいアイディアを生み出していく企画会議のやり方です。自分が思ったことを口に出す体験、それを否定することなく受け入れられる体験、そして仲間がそこに新たに考えを追加してくれる体験をします。

それらは、常に空気を読んで相手に気に入られる言葉を模索する神経戦のなかで日々を過ごす今の生徒たちにとっては、圧倒的な開放の体験となります。

　また、そのなかで、人はそれぞれ異なる意見や考えを持っていることを知り、その考えの背景を知り、それらを統合させるプロセスのなかで互いへの理解が深まります。予定調和ありきのヒリヒリした空気を乗り越えて、だれもが率直に自分の意見を言い合い、尊厳を認め合いながら創造的な活動に取り組む体験は、クラスの雰囲気を成熟させます。そしてその成熟した雰囲気こそが、生徒が主体的に学び始める土壌となっているのです。

　マサチューセッツ工科大学で組織学習を研究するダニエル・キム教授は、「組織の循環モデル」で以下のような考え方を提唱しています（図7）。チームメンバーの関係の質が高まれば、思考の質が高まり、思考の質が高まれば、行動の質が高まり、そうなると自ずと結果の質が高まる。

　つまり、クラスメイトのなかに信頼や相互尊重があれば、生徒たちは安心・安全を感じて心にゆとりができる。心にゆとりがあれば、前向きにものごとを考えるようになり、失敗を恐れず発言したり、行動が主体的、積極的

図7　組織の成功循環モデル

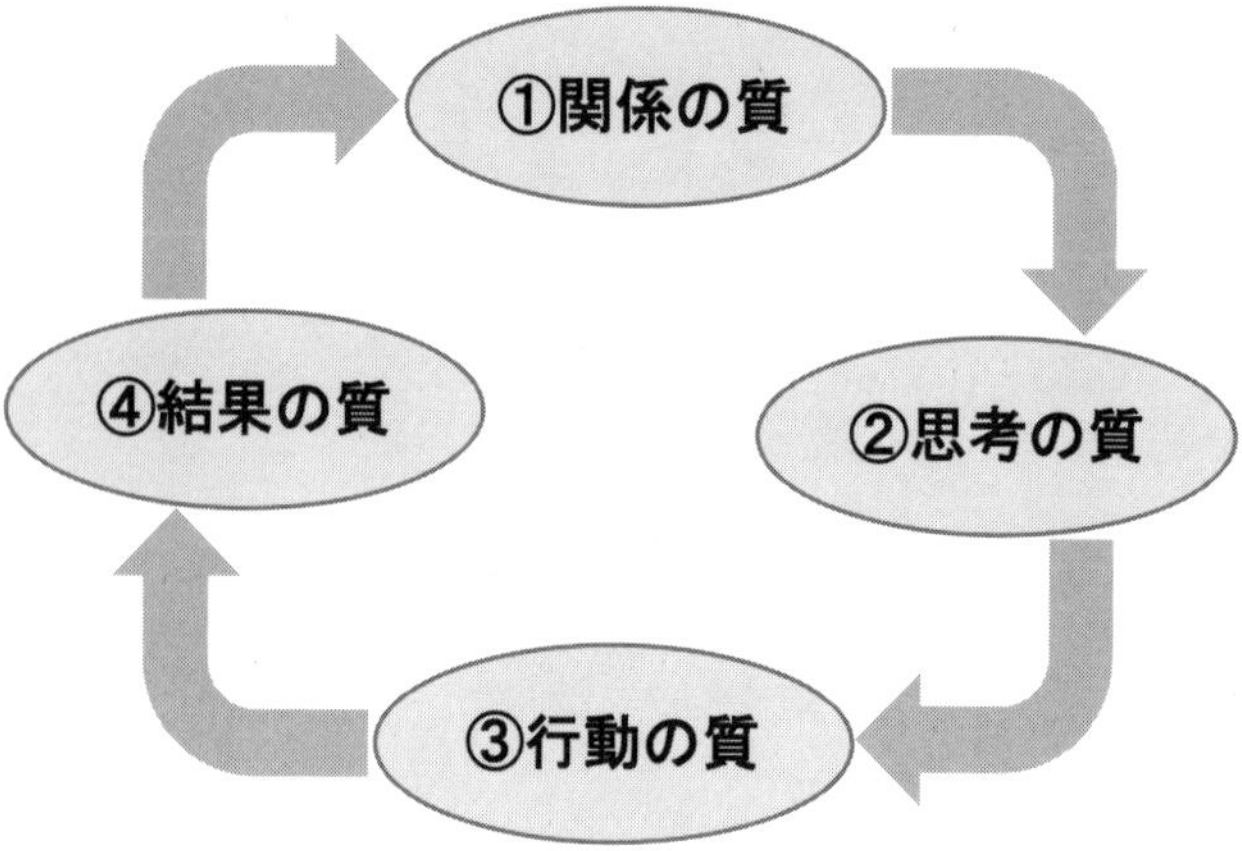

になる。そうすると自ずと成績も上がる。成績が上がるという結果が出ると自己肯定感が上がり、関係の質が上がるという循環が起こっていきます。クエストがうまくいっている学校では必ずこのことが起こっています。私たちは、「結果の質」を高めるために「行動の質」に介入するということをよくやります。「勉強しなさい」と直接的に行動を変えさせようとする行為です。しかし、心の穏やかさ、信頼や安心が得られる「関係の質」があれば、子どもたちは主体的に「思考の質」を高めて、

工夫しながら学ぶようになっていくのです。

教師が変わる

3つめは、クエストの実践を通して教師が変わるということです。指導法やその技術は長年の経験でそれぞれの先生方が培ったものですが、その大本となる教育観が変わることで、その先生の授業が大きく変わり始めます。知識を与えるのが教師の役割ではなく、生徒が自ら知識を獲得したり、生み出したりすることをどれだけサポートできるのかが教師の役割です。これは教師にとって、地殻変動とも呼べる大きな変化です。教え込みの意識を手放したとき、教師と生徒の間に新たな関係性が生まれます。教師は、生徒の可能性を信じて待つことで、そこにスペースが生まれ、生徒は自らの内なる学びのエンジンを起動させることができます。

また、常翔学園の先生たちがそもそも持っている寛容性の高さや、先生同士の仲がよいことも探究的な学びを後押ししています。ある先生はこう言います。

「職員室の雰囲気のよさが教室にも伝わるんですよ。それを感じた生徒は安心して自然と勉強するようになる。日本中の学校の職員室が常翔みたいになったらええのにと思っています」

クエストカップでグランプリ受賞、そしてお笑いへ

このような学校文化、雰囲気の中で育った常翔学園の生徒たちは主体的に人生の選択をしていきます。進学実績が驚異的に伸びていることは前述のとおりですが、それ以外にも世の中の常識にとらわれることなく、自分らしく生きることを始める生徒たちがいます。この章の最後に同校の二人の生徒を紹介したいと思います。

ひとりは、2013年のクエストカップ全国大会で常翔学園として初のグランプリを受賞したチームのリーダーです。小柄で少し内向的だった彼は人前で話すことが大の苦手。最初はクエストの授業でもあまり積極的ではな

かったと言います。

しかし、自分たちの企画を磨きこんでいくうちにだんだんとそれを人に伝えることが楽しくなり、とうとう全国大会にまで出場。1000人の観客の前でプレゼンテーションし、見事にクエストカップ2013でグランプリを獲得しました。

大勢の聴衆を前に話すことの歓びに目覚めた彼はその後、仲間と漫才チームを結成します。翌年には高校生のお笑いNo．1を決めるイベント「ハイスクールマンザイ」に出場。その後、吉本興業が主催するお笑い新人学校NSCに入学、主席で卒業しプロの芸人としてデビューするに至りました。「M1グランプリ」に出場するなど活躍し始めています。

またNSCに通う傍ら、彼は保育士の学校にも通うダブルスクールを実践していました。芸人になるという大きな夢を追いかけながらも、「もしもだめだった場合は保育士になります。これもやりたい仕事だったので」と明るく笑う彼の姿に、年齢を大きく超えるたくましさを感じました。

LGBTの生徒の自己開示

もうひとりは、LGBTの生徒です。常翔カップでは全チームのプレゼンテーションが終わり、審査結果が発表される前に毎年アトラクションが用意されています。

ある年のこの時間、会場からおもむろに一人のウエディングドレスを来た生徒が現れ、ステージの真ん中で漫談を始めました。客と対話をしながら、「このドレスはアマゾンで2万円。自前なの」などとおもしろおかしく語り、会場をわかせます。きっちりメイクをした端正な顔立ちの彼女は、カップ終了後審査委員たちにも挨拶に来てくれました。

そのとき私ははじめて彼女が男子生徒であることを認識しました。本人の強い希望による登壇だったと聞きましたが、来賓も多くいる大きなステージで一人の生徒にこのパフォーマンスをさせるこの学校の度量はほんとうにすごいと思いました。何をやっても批判される今の時代に、生徒の主体的なチャレンジに機会を与えるのは覚悟のいることです。

そして、それから5年後のこと、同校の先生から教えてもらいました。

「宮地さん、あのときの生徒覚えてますか？　彼はその後無事卒業したんですが、先日こんなラインが来たんですよ」とスマホの画面を見せてくれました。そこにはこう書かれていました。

「あのステージ以後、目覚めてほんとうに女性として生きる決意をすることができました。タイで手術を終え、晴れて心も体も女になることができました。それもこれも私を認めてくれた常翔学園のおかげです」

私は思わず涙が出そうになりました。ひとりの人間の人生が確実によい方向に変わったことを感じました。形式を重んじて、ついつい管理型になってしまう学校というフィールドで、この学校の寛容性はほんとうにすばらしいと思いました。

学校が寛容であること

「クリエイティブ・クラス」という概念を提唱しているトロント大学の社会

学者リチャード・フロリダ教授によれば、「創造的な人材がたくさん育つ組織や会社、ないしは都市や国は実際に存在していて、それらの場所には共通して3つの〝T〟がそろっている」と言います。

3つのTとは、「Talent」＝才能を持つ人材、「Technology」＝技術やノウハウ、そして「Tolerance」＝寛容性です。才能と技術はあたりまえですが、注目すべきは3つ目のToleranceだと思います。ちょっと変わった行動や異質な人材を寛容に受け入れ、受容するということ。結果は大事だけれど、そこまでのプロセスや態度は自由でいいじゃないかという考え方です。

実際にフロリダは、経済成長率が高い地域、地価が上昇している都市を調べ、アーティストやボヘミアンを受け入れていて、同性婚に寛容で、外国人がたくさん住んでいるところほど地価の上昇率が高いという結論を導き出しています。おおらかで家族主義だった日本の社会からこの「寛容性」という質がなくなり久しいと思います。人に厳しく、何かあれば誰かを裁こうと手ぐすねを引いている人がたくさんいます。しかし、人を育てる学校という場は寛容であることが大切です。そのことは常翔学園に教えられたと思っています。

常翔学園が本来持っていた寛容性、骨太の精神、本質を追求するという資質にクエストは非常に相性がよく、同校のさらなる進化に貢献できたと思っています。生徒が学ぶのはコンテンツだけではありません。このような価値観や信条、生きる姿勢こそが培われるのです。

第5章

超・進学校の生徒の心を起動する

——奈良・西大和学園

「受験少年院」？

西大和学園中学校・高等学校は、大阪府との県境に位置する奈良県の中高一貫の進学校です。自民党の元衆議院議員、田野瀬良太郎《たのせりょうたろう》氏がまだ奈良県議会議員だった１９８６年に設立した、比較的歴史の浅い学校です。

しかしながらこの学校の短期間での進学実績の伸びはすさまじく、２０２０年には東京大学38名、京都大学36名の現役合格者を出しています。既卒者も入れた両大学の合格者数は１０５名となり、開成、灘、北野に次いで全国4位となっています。

設立30年でこれほどまでに登りつめた経緯は、創業者の田野瀬氏の著書『田舎の無名高校から東大、京大にバンバン合格した話―西大和学園の奇跡』（主婦の友社、２０１５年）に詳しくしたためられています。アマゾンの書籍説明にはこのように書かれています。

> 教師も生徒も落ちこぼれ。そんな田舎の私立高校が全国屈指の進学校に

なったワケを創設者・田野瀬良太郎が語る〝超体育会系受験〟ストーリー。

1986年、開校当初は中堅公立高校のすべり止め、ごく平凡な田舎の私立高校だった西大和学園。教室から机が放り投げられる教室、他校とケンカが絶えない日々、大学進学なんて考えてもいないやんちゃな生徒たち。教師もまた公立校の公務員採用に不合格だったものばかり。そんな中、「日本一の進学校」を目指し、田野瀬良太郎と荒削りな教師たちが立ち上がる。「琵琶湖の場所も知らない」生徒が、関関同立に現役で合格。引きこもりの生徒が東大理一へ。そこから、わずか数年で驚異的な進学率を誇るようになり、あっという間に奈良県トップの進学校になった。今や開成、灘に続く全国屈指のトップ進学校。東大、京大、国公立医学部へ多数の合格者を出す西大和学園ではどんな教育が行われ、どうやって全国有数の進学校になったのか。0時間目、泊まり込み補講、夏季休暇3日、正月特訓……一部ネットでは「受験少年院」と言われたほどの〝体育会系〟スパルタ受験の実態とは？　そこには資金0から学園作りし、教師と生徒に夢を語り続けた、創設者田野瀬良太郎の教育への熱い思いが詰められていた。理想の学校経営、学校再生のすべてが詰まった熱き教育書。

西大和学園の創立から「超」と呼べる進学校に至るまでの葛藤と進化の軌跡がここに書かれています。「受験少年院」と呼ばれた時代に同校に在籍した卒業生に話を聞くと「まさに学生時代はこんな感じだった、感謝はしているがあの頃に戻りたくはない」と笑いながら証言してくれます。

生徒の人生は大学入学で終わりではない

そんな同校の先生から連絡をもらったのは2011年のことです。クエストについて話を聞きたいのでぜひ、一度来校してほしいということでした。すぐに同校を訪問しようと事前に学校のあらましを調べたところ、高い進学実績、勉強に対する厳しい指導、過密な時間割とその激しさに驚くばかりでした。

正直なところ、クエストに取り組む時間が捻出できるのか、学校の教育目的とどのように整合できるのか、そもそも何のためにクエストを導入するのか、と少しの懸念を抱えながらの訪問でした。

お電話をいただいた先生にお目にかかり、お話を聞けばその答えは明快でした。

「おかげさまで西大和学園は、生徒ががんばってくれて京都大学にもたくさん進学するようになりました。でも、京大の先生に言われたんです。『西大和の生徒はぎょうさん来るようになったけどな、大学入るのがせいいっぱいでつかれきっとる生徒が目につく。あんなおもろない生徒をよこさんでくれ』って。これを聞いて、あ～ほんまやなと思うたんです。うちの生徒は年次が進むにつれてだんだん疲れてく。生徒の人生は大学に入ることで終わりではない。その後に本格的に人生が始まるんです。そうしたら、どんなふうに生きたいか、何を実現したいかようく考えてから大学に進まないと生徒が不幸になってしまう。学力みたいな外から見える力だけではなく、人間力や夢を描いて仲間とやり遂げる力とかの目に見えない力ももっと育てなあかんと思うて校内でもいろいろ話し始めたんです。そしたら校長が『キャリア教育』とネットで検索して出てきたいくつかの会社さんのメモをくれて、上から順番に話を聞いてみようとなったんです」

「感じること」に自らの回路を開く

その後、校内での説明会などを経て、翌春、2012年度より同校の中学2年生でクエストの「企業探究コース」が導入されることとなりました。知識量が豊富で論理思考が得意な同校の生徒たちにとって、クエストは知的刺激が多く、そのうえ自由な発想も求められている、その開放感が楽しくてたまらない様子で、嬉々としてプログラムに取り組みました。企業人が教室を訪問した際も、とにかくするどい質問の連続で企業人がたじろぐほど。探求の熱はとどまるところを知りません。

自ずと最終的なアウトプットとしての企画内容もすばらしいものが多くな

ります。導入初年度からクエストカップ全国大会に出場し、クレディセゾン賞を受賞することとなりました。

クエストを通して生徒たちにどのような学びが起こったのか、象徴的な生徒の感想があるので紹介します。

「企業の方との交流では、ほんとうに『企業のハート』というものを感じ取った気がした。企業の方の言葉のなかで最も印象に残ったのは『課題を解決するために、どうしたら人が喜ぶか、何人の人が喜んでくれるか、ということを考えています』という言葉だ。お客さんの気持ちを考えているという当たり前のことでも、じかに聞くとほんとうにハートがこもっていると思った。今までは、課題解決をする際に、誰かが喜ぶということは考えていなかったからこの言葉はとても衝撃的だった」

「考えること」が得意な子どもたちが「感じること」に自らの回路を開いたとしたらそれは無敵です。彼らの人生に大きな可能性が広がると感じました。

人類の未来を切り拓くような人に

クエストを導入して2年ほど過ぎた頃、学校創設者の田野瀬会長にお目にかかる機会をいただきました。自民党の総務会長まで務めた方、物静かな雰囲気に密度の高い存在感、低く迫力ある声でこのようにお話しされました。

「世の中には考えることが抜きん出て得意な子たちがいて、そんな子たちがありがたいことにこの西大和学園にもたくさん入学してくれるようになりました。そんな子たちは、医者や弁護士を目指すのもいいんですが、もっともっと大きな仕事をしてほしい。地球規模の課題を解決して、人類の未来を切り拓くような人になってほしいんです。だからクエストをやっているんです」

身の引き締まる思いでこの言葉を聞きました。そして、クエストをそのように評価し、位置づけていただいたことに感謝しました。期待に応えるために、なんとしても、この学校にもクエストを根づかせようとあらためて思いました。

先生方に話をうかがうと、クエスト導入の効果は確かにあったようです。

「クエスト導入学年は、その1期上の学年と比べても明らかに様子が違います。枠にとらわれることなく自由で大胆。これまでの生徒は年次を重ねていくと次第に疲れからか覇気がなくなっていく生徒が多かったんですが、クエスト年次は逆にどんどん元気に、主体的になっていくんです。私たちが生徒から学ばされることが多くなりました」

目当ての大学に合格するためにという「利得欲求」を親や先生など外部から刺激されて取り組む勉強は、短距離走には強くても、長距離走となれば次第に学習意欲そのものを毀損《きそん》していきます。クエストをきっかけに生徒の内側にそもそもあった「知りたい・わかりたい欲求」が目覚めたのだと思います。

「生徒会の様子も全く違いますね。これまではまじめに淡々と取り組んでいる感じでしたが、クエスト学年は、学校をどんなふうにしたらもっとよくできるか、自分ごととして考えるようになりました。課題があるとすぐに生徒会メンバーで集まって議論が始まるんですよ。黒板にマトリックスを書いてどの選択肢が一番有効なのかとがんがんディスカッションするようになりました」

生徒の力を引き出す学びへ

また、生徒ばかりでなく、先生たちの変化も大きいと聞きました。

「どうしても『個人商店化』しがちな先生方が、そもそもクエストをやる目的は何か、自分たちはどんな生徒を育てたいのか、話し合うようになって、協働する機会が増えてきました。先生同士の交流範囲が広がり、学び合いが起こり、認め合う文化が醸成されましたね。それで教師自身の自己肯定感も向上したんです。その結果、これまでの教え込みの学びから、生徒の力を引き出す学びへと大きく変わりました」

クエストを指導した数学の先生が、その経験を自身の数学の授業にも活かせないかと考えていたところ、生徒から提案があったそうです。クエストの授業では机を島にしてみんなで話し合いながら考えていった。数学の授業もあんなふうにやりたい、と。

先生は少し悩んだものの、それもおもしろいかと生徒の言うとおりに、机を島にして授業を進めることにしました。ほんの少しの情報だけを彼らに与えて、後は自分たちで考えるように指示をしたと言います。そうしたところ、生徒たちはクエストの授業のように活気あふれる話し合いを展開し、しまいには自分たちの力で数学の公式を発見していくチームも現れたとのことです。

これまでのやり方は、密度の高い授業を集中的に行い、ついていけない生徒には別途、補講をしてなんとか押し上げるというものでした。クエストのようなやり方に変えてからはそもそもついていけない生徒が出ず、全体の水準も向上し、さらには突き抜けて学び始める生徒も出てきたと言います。生徒が本来持っていた学びの力に驚いていました。

あらかじめ吟味され、系統立てて配置された学習内容を順番に学んでいく学習スタイルは、確かに効率的で、短時間に多くの知識を子どもたちに伝達できます。しかし、一方通行の授業ばかりでは、生徒の心が動かず、次第に意欲がすり減っていきます。一見効率が悪そうな学び合いの授業、生徒が自ら考える授業は、落ちこぼれをつくりにくく、全体の水準を引き上げ、さらに子どもたちを遠くまで連れて行ってくれる可能性があります。

探究学習が人生のエンジンに

在学中に、クエストでオムロンのインターン生となり、ミッションに取り組んだ生徒がいます。この生徒にオムロンから与えられたミッションは、「まだ誰も気づいていない課題を発見しオムロンの技術を駆使した解決策を提案せよ！」

まるで禅問答のようなこのミッションに、彼はチームで懸命に取り組み、「飽食の先進国の過剰なカロリーを貧困や飢餓で苦しむ途上国に届けるシステム」という企画を引っ下げてクエストカップ全国大会に出場しました。オムロンの審査委員も高く評価したものの、他校の提案もすばらしく、残念ながらオムロン賞の受賞とはなりませんでした。

悔しくてたまらなかった彼らはクエストカップ終了後に自分たちの案をさらに改良し、もう一度プレゼンテーションを聞いてほしいと自らオムロンのドアを叩きました。それが中学2年生のときです。

その後、高校生になって彼はさらに活動の範囲を広げ、学びの場があれば学校の内外問わず出かけて、大阪万博の誘致プロジェクトチームでリーダーを務めたり、またあるときは企業協賛を集めてハッカソンイベントを主催したりと、自らがそのような場を開催し、持続的に探求を深めていきました。

高校卒業後は京都大学に進学し、現在はロボット工学の研究をしています。その傍らで、社会課題解決のプロトタイプをつくりビジネス化を図ったりとますます意欲的です。

そんな彼が最近、自分自身のビジョンを見つけるワークショップに参加したと言います。そのなかで彼が内側からつむぎ出した言葉は「機械によって人間のパフォーマンスを最大化すること」。今、彼が取り組んでいるプロジェクトは高齢者の徘徊問題です。自治体も地域もその課題に対する処方箋は持っておらず、お年寄りがいなくなれば職員や家族が懸命に探すという人力頼み。その仕事をどうにかして機械が担えないかと考えているそうです。

それを彼から直接聞いた教育と探求社のスタッフが、「それって、6年前に取り組んだオムロンの創業者の理念『機械にできることは機械に任せ、人間はより創造的な分野で活動を楽しむべきである』じゃん！」とつっこんだところ、「ほんとだ！　知らず知らずのうちに影響を受けてますね」と笑っていたそうです。

中学2年で体験した彼の探究学習は、その後の彼の人生を駆動するエンジンとなり、どこまでも彼を運んで行ってくれることと思います。創設者田野瀬氏の夢はすでに叶いつつあるのかもしれません。

第6章

もっと生徒の力を信じること

――千葉県立特別支援学校流山高等学園

知的障害のある生徒たちの「クエスト」

２０１５年、千葉県にある特別支援学校、流山高等学園でクエストを導入することになりました。特別支援学校とは、障害のある子どもたちが「学習上または生活上の困難を克服し自立を図るために必要な知識技能を授けること」を目的とする学校です（文部科学省ＨＰより）。それまで、盲学校・聾学校・養護学校と呼ばれていた学校が２００７年に特別支援学校として同じ学校種に統合されました（名称はそのまま残っている学校もあります）。

流山高等学園は、軽度の知的障害がある生徒が通う特別支援学校です。教育目標として「社会自立・職業自立を目指し、自ら学び、自らを磨き、自らを高め、自分の未来を切り拓く生徒の育成」を掲げ、キャリア教育の先進校として注目されています。高校１、２年生で「キャリアベーシック」、３年生で「キャリアチャレンジ」という学校設定科目が用意されており、この「キャリアチャレンジ」の選択プログラムのひとつとしてクエストが導入されることになりました。

担当の先生は、さかのぼること3年前からクエストの導入を検討していました。それまで校内で取り組んでいた資格取得やパンづくり、接客について学ぶことも生徒の将来にとって役には立つが、もう一歩学びを深めたい。学校が掲げる教育目標どおり、さらに生徒の主体性を引き出す学びを提供したいと考えていました。

そんなとき、先生はクエストカップを参観し、このような学びを流山の生徒にもぜひ体験してほしい、そう思い始めました。しかし、軽度の知的障害がある流山の生徒たちに、はたしてリアルな企業と絡み合う壮大な探究学習ができるだろうか、やはりむずかしいかもしれないと悶々としながら過ごしていたと言います。

ある年、人事異動で新しい校長先生が着任され、これはいい機会だと、思い切って相談してみることにしました。

「流山の生徒たちが、もっと自信を持って学ぶことができたり、職業意識を伸ばしていけるようにしたいんです。リアルな企業の課題に取り組むクエストという探究学習を体験させてみたいと考えているのですがどうでしょうか？」

そう尋ねると新校長は、「大人がチャレンジしないと何も変わらないですからね。ぜひやってみたらどうですか」そう即答してくれたと言います。背中を強く押された担当の先生は数年の逡巡にようやく踏ん切りがつきました。他の先生方からも大きな反対はなく受け入れられ、特別支援学校ではじめてクエストが導入されることになりました。クエストの授業をぜひ自分も担当してみたいと手をあげてくる先生も数名いたと言います。

教師がどこまで生徒を信じられるか

流山高等学園が正式にクエストを導入するという報告を受けた私は、とても喜び、そして決断された先生方の勇気に深く感謝しました。知的障害がある生徒たちへのプログラムの提供は私たちにとってもはじめてのことです。通常以上にていねいに先生たちと連携し、私たちが学ばせていただくつもりでサポートするように担当者に伝えました。

「キャリアチャレンジ」は選択制の科目です。最終的には20名程度の生徒がクエストを選び、取り組むことになりました。先生たちはどのように授業を運営していくのか、ミーティングを重ねました。

流山の生徒たちは、読み書きや会話はできるのですが、文字が小さかったり、文章が長すぎたりすると意味が読みとれなくなり、途中で読むのをやめてしまいます。

クエストでは、企業に関する資料やミッションの解説をする資料などのプリント教材は通常Ａ４サイズで提供しているのですが、先生たちはそれをＡ３サイズに拡大印刷して生徒に配付することとしました。大きくすることで生徒は慌てることなくゆっくり、じっくり読めるだろうという判断です。

また学びのコアとなる企業からのミッションについては、哲学的なテーマを含んだ概念的なものや深く考えなければならない要素が多く含まれているものもあり、このままで取り組めるのだろうかということが検討されました。

ミッション自体を少しシンプルでわかりやすいものに変えたほうがいいのではないか、という意見もありましたが、そもそもクエストを何のためにやるのか、生徒にどんな体験や学びの価値を得てほしいのか、先生たちはとことん話し合い、最終的にはミッションは変えることなくそのままでいこうということになりました。自分たちが生徒をどこまで信じられるかということだと先生たちは腹をくくったのです。先生たちの意識が変わりはじめた最初のタイミングでした。

生徒が自ら正解だと思えるものをつくっていく

生徒たちの活動をサポートしていくために、生徒チームに、教師が一人ずつファシリテーターとして入ることにしました。ファシリテーターは何か特別なことをやるのではなく、生徒たちがミッションを読み解き、自分たちなりに理解していくプロセスをサポートします。ミッションを一語一語分解し、それぞれの言葉から思いつくことを付箋に書き出すように生徒に促します。

付箋は絵でも何でもいい、間違いも失敗もないのでできるだけたくさんの付箋を出してみようと生徒に呼びかけると、思いのほか、たくさんの付箋が出てきました。うちの生徒たちはやればできるんだと先生方は手応えを感じました。思わず顔もほころびはじめます。

しかし、苦労するのはここからです。たくさんの付箋を整理して、それを眺めながらアイディアを企画へと紡いでいくのが次なるステップ。最大の難所です。

生徒たちは出し合った付箋のアイディアを融合させたり、意見を譲り合ったりすることが苦手で、すぐに膠着してしまったり、言い合いになったりしてなかなか企画が前に進みません。それでもファシリテーターとして先生たちは辛抱強く待ち、問いかけることで、少しずつアイディアが形になり、スライドがつくられていきます。

生徒たちが自分で描いたオリジナルのイラストもスライドに盛り込み、遂にプレゼンテーションが完成しました。最終的には、ひとつのチームも脱落することなく最後までやり遂げることができました。

どのチームもなかなか申し分ないできばえです。ハラハラしながら見守ってきた先生たちも、ここへ来てクエストの取り組みはほんとうに生徒たち自身のものであることに気がつきはじめました。あらかじめ決められた正解や合格の基準のようなものが生徒の外にあるわけではなく、生徒自身の内側にすでにある経験や知識、興味や関心、個性がもととなって、自ら正解だと思えるものをつくっていく。そんな学びが現実に起こったことを目の当たりにしました。生徒の力や可能性に対する先生の受け止め方に深い変化が起こりました。

クエストカップ全国大会へ

クエストカップ全国大会には、流山の全チームがエントリーしました。そしてそのなかから、テレビ東京のミッションに取り組んだ「テレビっ子探検隊」という男子3人のチームが事前の書類審査を勝ち抜き、本大会に出場することとなりました。

導入2年目でクエストカップに出場を果たしたことはすばらしいと思います。当日に向けて、生徒たちは最後まで企画を練り直し、磨き込み、何度も練習を重ねました。この年、テレビ東京から出されたミッションは「人間の本気を見せようじゃないか！　メディア新世紀を切り拓け！　人の心が動くテレ東らしいプロジェクトを提案せよ！」。インターネットやスマホなど新たなメディアが台頭する群雄割拠の時代において、マスメディアとしてのテレビ東京は何を大切にして、どのように未来を切り拓いていくのかという、まさにど真ん中のミッションです。

クエストカップでテレビ東京に提案するのは、全国から選ばれし10チームです。メディアと自分たちの生活や社会的価値、テクノロジーの進化との関係性などについて、10代ならではの感性で考えていく企画はどれも個性的で引き込まれるものばかりです。

流山の生徒たちのプレゼンテーションは8番目。彼らの発表のタイトルは

「本気が偏見や差別をなくす！　幸せな世の中にするテレビ番組『チャレンジド・チャンピオン』」です。自分たちがつくった番組のデモ映像も盛り込みながら、偏見や差別のない社会をつくるための提案を緊張しながらも全力でプレゼンテーションしました。

彼らは見事に午前中のファーストステージを勝ち抜き、テレビ東京賞を受賞しました。午後からのセカンドステージでは、それぞれの企業賞を受賞した6つのチームが、グランプリをかけて最後のプレゼンテーションに臨みます。1000人は入ろうかという大ホールに会場を移しての発表です。

彼らのプレゼンテーションの内容はこのようなものでした。

「私たちは、日常生活でコミュニケーションがうまくとれないなど、苦手なこともたくさんあります。しかし誰にも負けないくらいに得意なこともあります」と始まり、誰よりも細かく記憶できたり、ダンスやものまねが特別にうまい人もいると続きます。

しかし、これまでの人生では人にわかってもらえなかったこと、ひどくいじめられたこと、孤独を感じたことも何度もあると切々と語ります。「特別扱いは嫌だ！」「しかし、差別はもっと嫌だ！」「同じ人間として大切にしてほしい！」魂の叫びに会場は固唾をのみます。

そこでテレビ東京に提案された企画は、障害や生きづらさを抱える人が特別な能力や才能を競うテレビ番組「チャレンジド・チャンピオン」。TVチャンピオンとパラリンピックをかけ合わせたような番組です。

そこから彼らがつくった番組のデモ映像が流れ始めます。3人のチームメンバーの一人がなぜか換気扇マニアで、音で換気扇を聞き分けるという設定です。

動画のなかで司会者が「さぁ、これはどこの換気扇でしょう⁉」「ブ～ン」しばし耳を澄ませた回答者がひらめいたようにボタンを押して答えます。「東武バス、運転席横の換気扇！」クイズに臨む真剣な顔にこのまさかの回答。なんともいえないユーモラスな場面に会場からは思わず笑いが起こります。

「私たちは世の中の差別や偏見を解消してほしいと思っています。お互いのことを認め合える社会ができたら、もっと幸せな世の中になるに違いありません。本気が偏見や差別をなくす！　幸せな世の中にするテレビ番組！チャレンジド・チャンピオン！」

　会場は割れんばかりの喝采に包まれました。

「つらいことがゼロになりました」

　流山高等学園ほか全6チームが発表を終え、最終審査に入りました。どのチームもすばらしい発表ばかりです。審査委員は、米倉誠一郎・一橋大学名誉教授、児美川孝一郎・法政大学教授、伊藤学司・文部科学省初等中等教育局課長（当時）、に私、宮地の4名です。

　社会的な課題への着眼とそこから発せられるメッセージの深さ、企画のおもしろさ、迫力のプレゼンテーション。この年の大会テーマ「人間の本気」に照らしても、流山高等学園をおいてグランプリはほかにない。すぐに審査委員は合意しました。

そして、私たちは彼らにハンデキャップがあるから選ぶのかということを自らに問いました。その結果、それは全く関係なく、発表内容が明らかに優れている。生徒たちの飽くなき探究の力を評するクエストカップのグランプリに同校の作品が最もふさわしいとして選出することにしました。全国からエントリーされた1848作品のこの年の頂点に、千葉県立特別支援学校流山高等学園が輝いたのです。

担当の先生は、彼らの晴れ舞台を見届けた後のインタビューで次のように語ってくれました。

「はじめ、この特別支援学校の知的障害のある子どもたちにはできないんじゃないかという、自分自身の戸惑いや迷いがあったんです。でも、とにかく勇気を奮って前に踏み出してみないとわからないと思い、昨年からクエストを導入してみたんですけど、今日、この場を見て、子どもたちの可能性ってほんとすごいなと思いました。大人が勝手に壁をつくって子どもはできないんじゃないかと思い込むんじゃなくて、もっと彼らの力を信じれば、ここまでできるんだなということを実感しました」

高校3年生の彼らは、この後すぐに就職が控えています。クエストカップを終えた帰り道の電車のなかで、生徒の一人が引率の先生にこう語ったそうです。

「自分たちはこれまで、いじめられたりつらいことがほんとうにたくさんありました。でも、今日の発表で全部ゼロになりました。だからこれから仕事先でいじめられたりつらいことがあってもたぶん大丈夫です」

先生の胸のうちに熱いものが広がりました。

彼らは学校に戻り、後輩たちに凱旋を飾りました。在校生や保護者、クエストカップの会場に来られなかった先生たちを相手に、受賞したプレゼンテーションを再演しました。後輩たちにとって大きな自信となったと言います。彼らの本気の探求は、彼ら自身の人生を変え、後輩たちを変え、先生の意識を変え、流山高等学園の未来を変えてしまったのです。

2017年2月19日読売新聞掲載

流山の特別支援学校生 快挙

番組提案 中高生の探究 全国V

「差別、偏見ない社会に」

中高生が探究活動の成果を競う「クエストカップ」（教育と探求社など主催）で、企業プレゼンテーション部門の全国大会が18日、東京都内で開かれ、県立特別支援学校流山高等学園（流山市）がグランプリに輝いた。今年で12回目を迎える大会で、特別支援学校の全国大会出場と優勝は初めて。

グランプリに輝いた県立特別支援学校流山高等学園のチーム（18日、東京都内で）

大会は、オムロンやカルビーなど企業6社から出された課題について、新しい商品やサービスなどを提案するもの。全国から1848作品の応募があった。

同校3年生で、いずれも18歳の高市蒼太さん、富田拓海さん、丹藤信至さんのチームは、テレビ東京に対し、約1年間かけてまとめた新番組案を発表した。

番組は、障害者だけでなく、生きづらさを感じる人たちが、自分の特技を披露し合う内容。3人はコミカルに話し、時に会場の笑いを誘いながら、「感動の押し売りや自己満足ではない本気の戦いを見せれば、視聴者の心が動くはず」と締めくくった。

リーダーの高市さんは「まさか優勝できるとは思わなかった。会場の人たちに、差別や偏見のない社会をつくりたいという自分たちの思いが伝わったと思う」と笑顔を見せた。

同校は、地域や企業と連携して生徒の自立を目指している。指導した野尻浩主幹教諭(55)は、昨年の第65回読売教育賞で、特別支援教育部門の最優秀賞に選ばれた。野尻主幹教諭は、「夢のような気持ち。生徒の自己肯定感が高まり、指導方法の工夫で生徒は変われると実感した」と話していた。

クエストカップ2017
ダイジェスト動画

第 7 章

元校長が起こす地域教育の革命

——静岡・シヅクリプロジェクト

校長先生が学校現場を離れて

最後の事例として、公立校の校長の椅子を自ら投げ打ち、在野の教育者として地域教育に取り組む二人の教師の話をしたいと思います。二人の名前は、山下《やました》由修《よしのぶ》先生と、八木《やぎ》邦明《くにあき》先生。

山下先生は、静岡市の小学校、中学校で校長を歴任し、大きな実績を残した先生です。静岡市で初となるコミュニティ・スクールを立ち上げ、保護者や地域を巻き込んだ学校づくりに長年取り組んできました。また、いじめや不登校ゼロをめざして現場の先生たちと共同プロジェクトを立ち上げたり、とかく課題になりやすい部活動問題も保護者を交えて先生たちとことん納得のいくまで話し合ったり、また働き方改革においては勤務体系にシフト制を取り入れたり、現場主義で課題に真正面から向き合い、道なき道を切り開いていく突破力のある先生です。豪快で人懐っこい笑顔が魅力です。

もうひとりの八木先生は、山下先生とは少しタイプの異なる校長先生です。まじめで誠実な生き方の内には静かな情熱が満ちています。八木先生にお目にかかると、その数日後には必ず直筆のお礼のはがきが送られてきます。毛筆の美しい文字から先生の人柄がにじみ出ています。

八木先生は、東京・小平市の中学校ではじめて教壇に立ち、その後ロンドンの日本人学校で教えたり、地元静岡の教育委員会で指導主事を務め、さらには暴力騒ぎが起こるほどの荒れた学校で教頭を務めたりと、ほんとうに多様な経験をしてこられました。何事にも前向きな八木先生は、どんな経験をも肥やしにしながら機会があればどこにでも足を伸ばして学びに行く柔軟性と機動力を備えた先生です。

その二人の校長先生が学校現場を離れて、もっと大きな枠組みで静岡の子どもたちを育てようと決意したというので一大事です。

静岡であの学びを！

きっかけは、クエストカップ全国大会の参観でした。２０１９年2月に開催されたクエストカップに、二人の現役校長は地元静岡から仲間の先生たち数名と連れ立って東京・池袋の立教大学まで中・高生たちの発表を観に来ました。全国から集った100を超えるチームの生徒たちが、それぞれの思いを込めて渾身のプレゼンテーションをする姿を目の当たりにして衝撃を受けたと言います。

クエストカップ終了直後、客席にいる二人に会いに行ったときのことを鮮明に覚えています。半ば放心したような、それでいてやや紅潮した、なんとも言えない顔をした二人は、言葉少なにこう言いました。

「いや〜、これだね、これ」

「こんな学びを静岡でやりたいよね」

帰りの新幹線でも、その日見たもの、感じたことについてそれぞれが語りながら熱い時間を過ごしたと聞きました。

それからしばらくして、八木先生から連絡があり、山下先生と二人で上京するので面会の時間をほしいとのことでした。教育と探求社のオフィスでお会いしてお話を聞くことにしました。

「クエストカップ、ほんとにすごかったです。あれから静岡に帰って二人で話したんです。やっぱこれだね、って。静岡の子どもたちのために、静岡であんな学びを実現させようって」

聞けば、山下先生はこの年の3月をもってすでにそれまで務めていた大里中学校の校長を定年退職されていました。山下先生の定年にあたっては、私立校の校長やその他教育系団体の要職など、いくつもの誘いがあったそうです。しかし、山下先生はそれらをすべて断り、クエストのような探究学習を静岡でやることこそが自らの使命であると意思を固めていると言います。

また八木先生は、定年まではまだ5年ほど残す現役バリバリの校長ですが、やはり山下先生と同様の考えで、取り組みを実現させるために校長の職を返上してでも、市井の立場で静岡の教育を大きく動かしていきたいと考えていました。八木先生は言います。

「そもそも私は校長になりたくてなったんです。校長というのはとてもやりがいのある仕事だと思っています。その思いは今も何ら変わりません。しかし、中・高生が企業とつながることであんなふうに生き生きと学ぶ姿を見たら、あれをどうしても静岡でやりたい、やらなければならない、そんな思いに取り憑かれてしまいました。来春には、今の校長の職を辞してこの活動に身を投じることも考えています」

二人の顔は真剣です。でも、へんな緊張感はありません。考えに考え抜いて腹を決めた人が持つ、静かなる覚悟が見られました。そして二人はこう続けました。

「自分たちも静岡の地域社会や企業にはそれなりのネットワークは持っています。地元の企業を巻き込んで地元の生徒たちが学ぶような取り組みは、正直自分たちの手でもできると思ったんですよ。しかし、このすばらしい学びの世界を見せてくれた宮地さんに黙ってやるのは、なんとも居心地が悪い。そして、それよりも何よりも、あの日クエストカップで見た生徒たちの輝きはハンパじゃない。あれは本物ですよ。どうしてもあそこまで持っていきたい。だったらどうできるかわかんないんだけど、直接宮地さんに相談するしかないとなって、こうして二人して来たんです」

地域から日本の教育を変えていく魁《さきがけ》に

私は、二人の校長の実直さがなんとも愛おしく、うれしくなってしまいました。

「二人の気持ちはよくわかりました。ぜひ一緒にやりましょう！」

私はそう言って続けました。

「そして、二人ともほんとうに安定した職を投げ出しこのプロジェクトに身を投じるのならば、事業として持続可能なものにしないといけませんね。ちゃんと成果を出して、今後も末永く地元に貢献していけるよう事業としての基盤をつくらないといけないですね」

二人は私の言葉を聞いて安堵したようでした。私はさらに続けました。

「このプロジェクトを持続的に支えていくためには、静岡の中核となる企業が複数参画し、地元メディアも加わり、地域をあげた取り組みとして育てていくことが大事です。どんな教育を提供するかは最重要事ではありますが、私たちが一生懸命やれば、それはきっといいものができますよ。

しかし、その活動を持続的に支えていく基盤としての企業の協力体制をつくることは、そう簡単にはいきません。高い志とそれを支える堅牢な仕組みと基盤をゼロからつくるのは大仕事です。でもそれは、地域から日本の教育を変えていくひとつの魁となります。実践する教育の中身とそれを動かす仕組みの両方を考えながら、ともにつくっていきましょう!」

具体的なことはまだ何も決まっていませんでしたが、それでもともに歩む目的地を共有できたことで気持ちが高揚しました。私たちは祝杯をあげてこれから始まる静岡の未来について、あれやこれやと大いに語り合いました。

教師が自らの学びを更新する

二人の校長は静岡に帰り、自分たちがこれから立ち上げるプロジェクトの事業計画をつくり始めました。それと同時に、自分たち自身の学びをさらに更新するために、ティーチャーズ・イニシアティブという一般社団法人が提供する「21世紀ティーチャーズプログラム」に参加しました。

ティーチャーズ・イニシアティブは、私が多くの方々の協力を得て２０１５年に設立した団体です。「先生こそが真に未来をつくることができる」を理念に掲げ、学び手である子どもたちを中心においた学びを先生たちがつくれるようサポートすることを目的としています。

教育と探求社としてクエストエデュケーションを10年間提供してくるなかで、教育コンテンツももちろん大事ですが、その基盤となるのは先生の人間観や教育観であることを確信していました。指導方法や指導技術も大切ですが、この変化の大きい時代においては、教師自身が教え込みのとらわれから自らを開放し、子どもたちとともに学びを生成していく、そのような意識へのシフトが何より大事だと考えていました。そのための学びの場を先生たちに提供するのがティーチャーズ・イニシアティブであり、その具体的な学びの中身が「21世紀ティーチャーズプログラム」です。

全国から自らの意思で集まった30名の先生たちが合宿や講義、実践型のプロジェクトを通じて、8ヵ月にわたって学びを深めていくプログラムです。たとえば、子どもの頃からの写真を持ち寄り、自分の人生について語り合い、自らが教師になった原点を自分史としてまとめて共有したり、今の子どもたちが社会で活躍する20年後の社会はいったいどのようになっているのかをシナリオ・プランニングという手法で展望したり、二人組で森の中を散策しながら自らの教師としての挫折や成長、リーダーシップについて語り合ったり。内省と対話を通じて、自らの教育観をゆっくりと更新していきます。

アクティブ・ラーニングの実践においてはこの内省と意識の更新が何より大事だと私は考えています。単に子どもたちに調べさせて、話し合い、発表をさせたらそれでアクティブ・ラーニングだというのは間違いです。やり方だけを変えても教師の意識が従来のままであれば、それは子どもたちにとっては教師の想定した答え当てゲームに過ぎません。

教師自身がこの広い世界の中で、自分自身が知っていることはほんの一部に過ぎないことを自覚し、だからこそ学びはおもしろく学び続ける価値があること、どのような子どももほんとうに大きな可能性に満ちていることを自分の真ん中において学びの場をつくるとき、そこに誰もが自分自身を自由に出せる余白が生まれ、真のアクティブ・ラーニングが起こるのです。

二人の校長に起こった変化

二人の校長は、この節目にあたりもう一度自らの学びについて見つめるために、「21世紀ティーチャーズプログラム」に参加しました。

さまざまなワークに取り組むなかで、山下先生は、子どもの頃、仲間と手づくりのイカダで清水港に漕ぎ出し、無人島をめざしたことが自分の原体験にあることを思い出しました。イカダが壊れ、仲間が脱落していく不安と戦いながらもチャレンジの心が芽生えていく体験。それが自らが教師をめざす原点でした。

子どもたちの創造性を引き出すような体験中心の学びをつくりたいとさま

ざまな挑戦をしてきて今、教師としての足跡を振り返ると、それはほんとうに子どもたちのためだったのか、自分のエゴを通したかっただけではないのか、そんな思いも芽生えてきました。自己満足を超えて今こそほんとうに子どもたちにとって必要なものを届けられるのではないか。これはほんとうにすばらしい変化だと思います。自らの信念を大切にしながらもそこに余白を持つこと。そこから新たな可能性が広がっていきます。

「静岡の子どもたちや大人たちが自らのコアに出会い、嬉々としてチャレンジし続ける社会をつくりたい」

「コア」とは、内なる自分自身の真ん中にある本質という意味だそうです。山下先生は、教師という立場を離れて、もう一度大海原に漕ぎ出そうとする自分自身のコアを発見しました。

八木先生にも大きな変化が起こりました。「教員かくあるべし」という思いが強い八木先生は、それまで校長として現場の先生の話を聞いていても、ほんとうには聞いていなかった自分に気づかされます。無意識のうちに、上から目線になっていた自分。常に自分の正解を持っているわけですから、そこには対話は起こりません。何かかっこいいことを言わなければと思っているプライドの高い自分を、グループワークの体験が壊してくれたと言います。

若手の先生たちのおおらかさや開放感、前例にとらわれない斬新な発想を前に、自分がどれほど凝り固まっているかを体感し、そこからの脱却を図ります。年長者であること、校長であることから無意識のうちに積み上がっていた内なるプライドをかなぐり捨てて、素手丸腰で新たに学び始めることを自らに課します。

自分史を執筆する1時間半くらいの時間は、なぜか涙が止まらなくなり、グシャグシャになりながら書き上げたと言います。それは教師としての振り返りではなく、人間として自らの人生にまっすぐに向き合って綴られたものでした。

シヅクリプロジェクト設立、最初の鈴与訪問

ティーチャーズ・イニシアティブでの学びは8月から翌年3月まで続きますが、その間も、二人の事業化の歩みはとまりません。多くの仲間や関係者に相談を重ねて、プログラム受講中の10月1日、「シヅクリ」という名前の一般社団法人を設立しました。シヅクリとは、子（シ）どもをつくり、教師（シ）をつくり、志（シ）をつくる。そのことで静岡をつくるという思いが込められた名前です。この団体を、静岡の企業と学校が協働し、子どもたちの学びを育むためのプラットフォームにしていこうという考えです。

二人は地元でも有名だった名物校長ですから、学校への参加の呼びかけは比較的スムーズに行きそうです。しかし、企業についてはあまり当てどころがありません。まずはどの企業にシヅクリプロジェクトに参画してもらいたいのか、リストアップから始めました。

いくつかの企業名があげられていくなかで、その筆頭に置かれたのが地元の名門企業、鈴与です。創業200年を超える鈴与は、傘下にプロサッカー

チームの清水エスパルスやフジドリームエアラインズなどの航空会社を持つ地域のコングロマリット企業です。物流を中心にグループ企業150社、年商4千億円、従業員数1万人を超える静岡のリーディングカンパニーです。

静岡の産業界が協力してシヅクリプロジェクトに関与してもらうためには鈴与の参画が欠かせないと思った私は、「なんとかして鈴与を口説きに行きましょう。私も同行しますよ」と伝えました。

しばらくして山下先生から連絡が来て、鈴与の鈴木与平会長のアポイントが取れたとのこと。早速静岡へと向かい、山下先生と一緒に与平会長を訪ねました。山下先生のお父さんが数十年前に与平会長にお世話になったとのことで、その細いご縁をたぐっての面会の実現でした。

はじめにご挨拶と自己紹介を終えると、早速本題に突入です。山下先生は、自分が校長をしていたときに感じていた子どもたちの閉塞感、次第に生きる力を失っていっている現状と危機感について語りました。そして、若者はどんどん東京に出ていってしまい静岡が空洞化している実態、地域社会全体に活力が失われている。そのことを、教育を通じて変えていきたいのだと熱っぽく語りました。

与平会長は現状に対する認識に理解を示し、教育の課題が大きいことにも同意してくれました。しかしながら、そのことは国や自治体の仕事。なぜ、民間企業である鈴与が取り組まなければならないのか、そこが会長と私たちの大きく意見の異なるところでした。

私は、教育の課題はシステムの課題であり当事者ではもうどうにもできなくなっている。現場の先生も、教育委員会も、文部科学省もよりよい教育を実現したいと心から願っているにもかかわらず、ままならない現状を伝えました。山下先生は、そのために民間の力を使ってできることをやっていこうと始めたのがシヅクリである、とその理念とビジョンについて説明し、鈴与としての協力を仰ぎました。初回の面談はここまででした。

山が動いた

その間、教育と探求社では、シヅクリプロジェクトで実践する具体的な教育プログラムの開発を進めていました。地元企業のリソースを子どもたちが自分たちで見つけて、そのリソースを活用しながら企業や地域のよりよい未来を考えていくプログラムです。

山下先生がこの春まで校長を務めていた静岡市立大里中学校で、新しいプログラムの実験授業を行うことになりました。子どもたちは闊達に学び、サポートしてくれた企業人たちも子どもたちの斬新な発想に驚いていました。冠婚葬祭企業に「ペットの結婚式」を提案したり、地元の交通会社に廃バスを利用した「バスホテル」を提案したりするなど、その様子は静岡放送でも放送されました。かかわるすべての人が学びや気づきを得るこの取り組みと地域からの反応に、私たちは大きな手応えを得ました。

２０１９年も終わろうかという頃、このときのテレビ映像を持って、再び鈴木与平会長を訪問しました。会長はじっくりと映像を見て、子どもたちの潜在力に驚き、またそこにかかわる大人たちがどのような刺激と気づきを得ているのか実感されたようでした。私たちの取り組みの意図や何を実現しようとしているのかについても理解してもらえるところまで来ました。２回目の面会はここまででした。

山下先生と八木先生は、シヅクリプロジェクトの詳細を議論しながら、企業に具体的にどのようにかかわってもらうのかその骨組みづくりを進めていきました。

３年後、５年後、シヅクリはどのような活動を展開しているのか、そして鈴与をはじめとした地元企業にはこの活動をどのようにサポートしてほしいのか、依頼書の形にまとめて、２０２０年の年明けに3度目の与平会長との面会の時間が持たれました。

すでにシヅクリがやろうとしていることに理解、共感していた会長は終始、穏やかな顔をして山下先生の話を聞いていました。

「静岡の子どもたちのために、静岡の未来のために、この取り組みが日本の魁となるよう、シヅクリにお力をお貸しください」と伏してお願いする山下先生に、与平会長は「わかりました。支援しますよ。地元のほかの企業にも私の方で話を入れておくので、山下先生が説明に行ってくださいね」。山が動いた瞬間でした。

圧倒的当事者意識を持つパパ

そこから、2020年度に、地域探究の教育プログラムを実施してくれる学校とそれを支援してくれる企業集めが本格化していきました。さまざまな人たちの協力の結果、7つの学校と8社の企業がこの年のシヅクリプロジェクトに参加を表明してくれました。教育と探求社も、シヅクリで実施する地域探究プログラムの開発を終え、正式にリリースしました。

プログラム名は「engine」。エンジンの語源は、ラテン語のインゲニウム（ingenium）で、「生まれながらの才能」「賢さ」。内燃機関を燃やしてバリバリごつごつ地域を変えていくイメージではなく、もともとそこにあったすばらしさ、天然のよさ、すでにある資源を生かして花開かせたいという思いを

図8　生まれながらの可能性。「engine」
（生徒が使うワークブックの中扉）

込めて、ロゴは小文字で繊細で生命力のあるスタイルとしました。そして私たちが大事にするプログラムのコンセプトは「生まれながらの可能性。engine」です（図8）。

もうひとつの山場は八木校長の退職です。公立小学校の校長が病気でも介護でもなく、定年を前に職を辞するというのは通常はなかなかないことでしょう。しかも、さらに深く教育をやるためにというのも、教育委員会や学校にかかわる人たちにとっては、理解がむずかしいことかもしれません。

それでもこれまで積み上げてきた八木先生の実績と人としての信頼が支えとなり、一人ひとり理解者が生まれてきます。これはほんとうに必要な取組みだ。ぜひがんばれと思いを伝えてくる仲間も増え始めました。しかし、退職について教育委員会との間に軋轢が生じたこともありました。八木先生は、自ら精魂込めて磨いてきた志と組織の「あるべき論」との間でやりきれない思いを抱えたと言います。

そのときです。不思議なことに、すでにメーカーで働き始めていた八木先生のお嬢さんからまさにこのタイミングで電話がかかってきたそうです。

「会社の研修で、圧倒的当事者意識を持つ人の根底にある考えをインタビューしてきてください、ってことになったんだけど、どう考えても私にはパパしか思い浮かばなかったんだ。インタビューしてもいい？」

電話を受けて、八木先生は泣き崩れたと言います。自分のことをよく知っている娘がそんなふうに言ってくれる。自らが選んだこの道は決して誤りではない。そう確信して、自らの信じたものだけを見つめて前に進む決意が固まったと私に話してくれました。

どうしたことか、自分のあり方が変わると世界が変わり始めます。凛として一歩進もうとする八木先生の前から組織のもやもやは霧が晴れたように片付いて、すべてが順調に進み始めました。厳しい話をせざるを得ない立場にあった同僚や先輩も皆支援者・応援者に変わったと言います。すごいことだと思いました。

探求的生き方

すべてが整い、２０２０年8月20日、シヅクリプロジェクトの実質上のキックオフとなる「シヅクリプロジェクト・キックオフ兼第1回ビジョン検討会」が開催されました。参画企業のトップが集まって教育への思いを語り、この場に参加した中学生・高校生は静岡の未来と企業への期待を語りました。

2020年9月8日静岡新聞掲載

シヅクリ PROJECT ×

教育で、やる。

静岡の未来を切り拓く、
シヅクリのカケザン。

静岡県内の企業と学校が協働して、静岡の豊かな未来の創造を目指す「シヅクリプロジェクト」。時代に即した教育プロジェクトとして、新たな一歩を踏み出しました。「子」が育ち、「師」が成長し、「志」を育み、「し」ずおかの未来をつくる同プロジェクトの今年度の取り組みや目指す将来像を紹介します。

（企画・制作／静岡新聞社地域ビジネス推進局）

CONCEPT シヅクリプロジェクトとは

静岡の未来を、教育で切り拓く

「静岡の豊かな未来の創造」「静岡から日本の未来を担う人財の輩出」を目的に、スタートしたプロジェクト。地域の重要な構成要素である「子ども」「地元企業」「学校の教員」が連携し、学び合うことを通じて、持続的な地域づくりを実現するコミュニティーを目指します。

初年度となる今年は、同プロジェクトを支えるコミッティー企業にアイエイアイ、鈴与、タミヤ、静岡新聞社・静岡放送が参画。さらに探究プログラム参画企業として三菱電機、リョービ、建設システム、トヨコーが加わり、静岡県内の中高生たちの探究学習をサポートしていきます。

鈴与の石野雄飛さんは「県内には素晴らしい企業がたくさんあることを県内の中高生に認知してもらえるように正面から向き合い取り組みたい」と語っています。また建設システムの中村麻衣里さんも「学生自身の個性や指針に気付けるような機会を提供すると同時に私自身もたくさんのことを学生から得られれば」と、子どもたちとの学びに期待を寄せています。

ABOUT 3つの活動指針

ビジョン検討会
教育現場での実践
社会に向けた情報発信

PROJECT IMAGE プロジェクトイメージ

目標1：地方創生　目標2：人財育成
地元企業・自治体・市民
リソースの提供
地域人財育成への貢献
A.運営コミッティー
B.探究プログラム参画企業
C.プロジェクト応援企業
一般社団法人シヅクリ
静岡の学校

DEPLOYMENT 今後の展開

探究プログラムスタート

今年は探究プログラム「engine」を県内7校（中学校5、高校2）で実施。生徒たちは地域イノベーターとして、自分たちが発見した地元企業8社のリソース（資源）と、地域のリソースを組み合わせてイノベーションの企画提案を行います。そして、このプログラムにかかわる全ての人が自らの「コア」に気付く体験につながってくれることを願い、学習のプロセスを発表する場として、来年1月30日に学校の枠を越えた合同発表会を用意しています。

このプログラムを導入する学校でも準備は着々と進んでいます。「生徒の可能性を大いに引き出す、素晴らしい取り組み。これからの展開をとても楽しみにしています」と話すのは静岡市立蒲原中学校の小笠原科幸教諭。静大附属中の髙野慎太郎教諭も「静岡の子どもたちの成長や生き方までも変えてしまうような学び、企業や地域、学校のカケザンで大好きな静岡を楽しくしていきたい」と話すなど、子どもたちと向き合う教員たちもスタートに向けて意気込みを見せています。

▼コミッティー4社のトップと生徒たちが直接意見を交わしたトークセッション

VISION REVIEW MEETING 第1回ビジョン検討会

先月20日、同プロジェクトのキックオフとなる第1回ビジョン検討会が静岡市駿河区のグランシップで開催されました。コミッティー企業であるアイエイアイの石田徹社長、タミヤの田宮俊作会長兼社長、鈴与の高橋明彦副社長、静岡新聞社・静岡放送の大石剛社長が登壇し「このプロジェクトを通じて、大人とは異なる見方で率直な意見の発信をしてほしい」（石田社長）、「人生の起点でもある静岡を誇りに思い、心の底から静岡を愛する人に育ってほしい」（高橋副社長）と同プロジェクトへの期待を語りました。

引き続き行われたトークセッションでは、導入校である静岡市立東豊田中、静大附属静岡中、県立駿河総合高、東海大付属静岡翔洋高の生徒16人が加わり、「静岡の未来に光を灯せ！」をテーマに忌憚ない意見を交わしました。

生徒たちは「技術革新」「つながり」「ものづくり」「自然」といった写真を手掛かりに、静岡の可能性を広げるアイデアを披露。「県民が一つの文化を共有する"静岡県民族"を目指す」「子どもの目線カメラで見ることで視点を変える」など、若者ならではの意見が提示されました。また「静岡の企業はあまり知られていない。もっとアピールしてほしい」という苦言も。これらの意見を踏まえ、企業トップたちは「少子高齢化はビジネスチャンスでもある」（大石社長）「旅に出て外から静岡を見る機会を」（田宮会長）とアドバイスを送りました。

MESSAGE 代表者メッセージ

自分のコアに、生きる

コロナ禍の中、ある高校球児が、「今まで甲子園、甲子園とばかり考えていたけど、こんなにも"みんなと野球がしたかったんだ"と気付きました」と心境を語っていました。胸が熱くなりました。

子どもたちはたくましく、そしてしなやかに歩みを進めています。そんな子どもたちとともに地元企業と学校、全ての静岡人が未来を見つめて学び合う、シヅクリプロジェクトを立ち上げました。

静岡に住まう全ての人が自らのコアに出会い、その人が最も大切にしていることを"生きること"の真ん中において、仲間と力を合わせて、未来を共に切り拓いていく、そんな未来の静岡を夢に見ています。

感じること、考えること、未来を見つめることと、人の幸福を願うこと、いつの時代もあせることのない、人間としての学び方と生き方を積み上げていこうと思います。

マーガレット・ミードという文化人類学者が言っています。

「強いコミットメントのある小さな市民グループが世界を変えることができるということを決して疑ってはならない。実際世界を変えてきたのはそれだけなのである。」

代表　山下由修

導入校 ／ 沼津市立大岡中学校、静岡市立蒲原中学校、静岡市立東豊田中学校、常葉大学附属常葉中学校、静岡大学教育学部附属静岡中学校、県立駿河総合高等学校、東海大学付属静岡翔洋高等学校

コミッティー ／ IAI Quality and Innovation　Suzuyo Group 鈴与グループ　TAMIYA　静岡新聞 SBS

探究プログラム参画 ／ MITSUBISHI ELECTRIC Changes for the Better　RYOBI　建設システム　TOYOKOH　教材協力 ／ 教育と探求社

CONTACT 問い合わせ
一般社団法人シヅクリ
期待・応援の声をお寄せください
https://www.sdkr.jp/

2020年10月14日日本経済新聞掲載

「シヅクリ」授業スタート

県内中高生に体験学習、企業と連携

「私たちの企業は小型産業用ロボットを作っています。もの作りの達成感のある職場です」

9月14日、静岡市立蒲原中学校2年生の午後の授業で、アイエイアイ（静岡市）の社員2人が事業内容を説明すると、生徒から「会社の目標は」「社員は何人ですか」などの質問が相次いだ。

この授業は静岡県の企業と学校とを連携させる「シヅクリプロジェクト」のプログラムの一環で、生徒が地元の企業の経営資源について知るために開かれた。

シヅクリプロジェクトは、静岡県の学校と企業、市民を結びつけて静岡から未来を担う人材を育成する目的で2019年に設立された一般社団法人。静岡市の中学校校長を退職した山下由修氏と、焼津市の中学校教頭などを務めた八木邦明氏の2人が立ち上げた。

「シヅクリ」は「子」と「師」をつくり、「志」を育んで「し」ずおかの未来を創る意味だ。

八木氏は09年から県教育委員会でキャリア教育を担当し、他県での職場体験学習を調査。静岡で体験学習を広めるため冊子を出した。ただ、12年に焼津市の中学校教頭になると「企業での体験が単なるイベントになり、学習として根づいていない」ことに気づいた。

初等・中等教育の基準となる学習指導要領は20年度以降、「知識及び技能」「思考力・判断力・表現力など」に加えて、「学びに向かう力、人間性など」の3つを柱とする教育を求めている。

「学びに向かう力」とは生徒の主体性などのことで体験学習やグループ学習が必要。生徒を集めて教師が一方的に話す授業では対応が難しく、八木氏らは企業と連携するプログラムへのニーズが高まると考えている。

20年度は教育プログラムを提供する会社と協力し「静岡ｅｎｇｉｎｅ」と名付けたプログラムを提供する。プロジェクトの趣旨に賛同した鈴与グループなど静岡市に本社がある4社が運営に参加し、県内に事業所がある三菱電機やリョービを含む4社も参画した。高等学校2校と中学校5校の生徒計約560人が参加している。

8月20日に開催したキックオフ会合には参加企業の幹部と参加校の代表者が出席。鈴与の高橋明彦副社長は「（プログラムを通じて）静岡県がどれだけ素晴らしいかを理解し、誇りを持つ道筋を作ってほしい」と期待を示した。高校生からは「企業はもっとアピールしてほしい」といった声が出た。

シヅクリプロジェクト参加企業・学校	
地元企業	鈴与グループ
	タミヤ
	アイエイアイ
	静岡新聞社静岡放送
	三菱電機
	リョービ
	建設システム
	トヨコー
中学・高校	静岡県立駿河総合高校
	東海大学付属静岡翔洋高校
	常葉大学付属常葉中学校
	静岡大学付属静岡中学校
	静岡市立東豊田中学校
	静岡市立蒲原中学校
	沼津市立大岡中学校

蒲原中学校（静岡市）の授業にはアイエイアイなど地元企業の社員が参加

経営資源使った活性化　年明けに発表会

9～12月は各学校の総合的な学習の時間にプログラムを実施する。この中で、生徒は企業が持つ「ヒト、モノ、コト、カネ」の4つの経営資源を地域の活性化に役立てる提案を考案する。来年1月末に開く合同発表会で、優秀な提案を選出する。

初年度は静岡市の企業と学校が中心だが、2年目以降は県内の幅広い地域から参加を呼びかける。3年目の22年度にはプログラムを刷新し、参加企業20社、実施校20校を目指す。

全国的に珍しい産学連携の取り組みが、どのような広がりを見せるのか。注目を集めそうだ。

（静岡支局長　原田洋）

そこから実際に学校での授業がスタートし、現在、7つの学校でプログラムが進行中です。他エリアの自治体や教育関係者たちもこの取り組みを視察に来ています。また、静岡新聞や日本経済新聞などに取り組みの記事が掲載されたこともあり、静岡のさまざまなエリアの学校や企業からも問い合わせが相次いでいるとのこと。

8社、7校、560名の生徒による2020年度の取り組みは、21年1月30日に開催された合同発表会「静岡カップ」で1期目を終えましたが、次年度は2000名を超える生徒が参加する予定でさらに深い取り組みにするべく二人の校長は張り切っています。

探求は、二人の校長の人生をも変えてしまいました。安定した何かを手放し、ほんとうに心の底から自分が価値あると思える生き方へと一歩を踏み出しました。

二人にはこれからも多くの荒波が押し寄せるかもしれません。しかしそのたびに、彼らは自分たちの力と仲間の力を借りながら苦難を乗り越えていくことでしょう。これは正解のない旅です。まさに〝探求的生き方〟です。なにかのレールに乗っかるのではなくて、自ら考え、行動し、正解を自分でつくっていく生き方です。

このような取り組みが日本全国で始まれば、きっと日本の教育は大きく変わり始めます。二人の先生に心からの喝采とエールを贈りたいと思います。

第 8 章

探求のゴールはどこにあるのか？

ここまでの章で、私たちが実践する探求という学びがどのようなもので、実際に学校の現場でどのように活用されているのかについて書いてきました。私が現実社会と教室をつなぐ活動を始めてから、新聞社で働いていた時代も含めるとすでに20年の年月が経ちました。これまでに、ここに書ききれないほどの多くの先生と生徒の成長のストーリーに遭遇してきました。それらはほんとうに心揺さぶられるものでした。

では、人の成長とはいったい何でしょうか？

最後の章ではそのことについて触れてみたいと思います。

身体、思考、感情、精神

私は、人間には4つの機能的領域があると考えています。それは、身体、思考、感情、精神の4つです。

「身体」が担うのは行動です。どこかへでかけたり、誰かと話したり、ものをつくったり、私たちがこの世に存在していることの証となる肉体を使った目に見える物理的な振る舞いです。

「思考」は考えることです。論理的に物事を考えたり、推論をしたりする機能です。現代社会を生きる私たちは常に何かを考えていることが多いと思いますし、実際に考えさせられる機会が仕事でも学校でも多くあると言えます。

「感情」は感じることです。映画を観て感動したり、自然の中で開放感を感じたり、特定の誰かや自分に起こった出来事に対して揺れ動く心の反応です。ポジティブなものも、ネガティブなものも、そのどちらでもないものもありますが、人に行動を起こさせる効果があります。

そして「精神」は、意志や基本的な心のあり方です。何かをやろうと思うこと、このように生きたいという価値観や信念、困難を乗り越える力、リーダーシップを支えるものです。

この４つの領域のうち、身体と思考はトレーニングすることで比較的簡単に鍛えることができます。身体は、筋トレでムキムキになることができるし、適切な練習をすればスポーツは上達します。思考も同様です。むずかしい問題を解いたり、繰り返しドリルに取り組むことで考える力はそれなりに向上していきます。

しかし、感情はなかなか直接的には鍛えることができません。感情は理由もわからず私たちの心を占拠します。突発的に湧き上がる怒りの感情で人を罵倒してしまったり、悲しみのあまり仕事が手につかなくなったりすることもあれば、週末のライブイベントが楽しみで夜も眠れなくなることもあります。

自分の感情を自在に操ることはむずかしいですが、湧き上がる感情を抑制したり開放したりすることはできます。すでに自らの内にある感情というものにどのように寄り添い、どのように扱うことにするのかは学ぶことができます。そして、そのようにして感情をコントロールするのが精神の力です。

成熟とは、精神が高まった状態

精神は、身体、思考、感情の大本にあり、それらを支え、それらに影響を与えるものです。ウィキペディアで調べると、「精神は、心、意識、気構え、気力、理念といった意味を持つ言葉」となっています。目に見えず、人の内面にあり、思考でもなく、感情でもなく、自らの存在を支える大本の心です。精神は、身体、思考、感情の活動に大きな影響を与えると同時に、それらの活動を通して精神も変容します。

身体を限界まで鍛えることで精神が高まることがあります。過酷な練習にひたむきに取り組むアスリートたちが持つ清々しさは彼らの精神の表出です。また、思考を極めることでも精神は高まることがあります。長年にわたる研究や実践を経て知的巨人とまで呼ばれるほどになった人たちの神々しい佇まいは、その人の精神の発露です。人の最も奥にあるものが最も表層に出てくると私は思っています。

感情はトリックスターです。常にやんちゃで制御不能で、私たちはいつもそれに振り回されてしまいます。そんな自らの感情に寄り添い、その声を聞き、その源を癒やすことで精神は高まります。人生の大きな苦難を克服したり、悩み抜き何かを乗り越えた人たちが湛《たた》える慈愛の表情は、そのような人々の精神性の高まりの現れだと思うのです。

精神が高まれば、人はより広い視野で、解像度高く世の中のことを観ることができるようになります。そして、自ずと人を慈しむ気持ちが出てきたり、世の中の役に立ちたいと思うようになります。フェアな心や勇気、胆力を持ちながらも、こだわりがなく受容的です。私はこれを成熟と呼んでいます。成熟とは精神が十分に高まった状態をいうのだと思います。

身体は学習の有効な媒体

それでは、身体、感情、思考、精神の4つの要素が学習とどのような関係にあるのか、一つひとつ見ていきましょう。

まずは「身体」です。からだは知性を持っています。単に脳のいいなりになって動くだけのしもべではありません。私たちはからだを通して外界を認識し、からだを通して世界に働きかけます。からだには過去の記憶や感情が刻まれています。昔体験したようなシチュエーションになると同じような身体感覚が蘇ってくることがありますし、腹立たしい、耳が痛い、腑に落ちるなど、からだのパーツを象徴して気持ちを表現することもその現れだと思います。

学習において「身体」は有効な媒体です。ただ座って、からだを「無き者」として頭だけで考えるのではなく、からだを使って現場にフィールドワークに出かけたり、実現したいと思う世界を演じてみたり、試作品をつくったりすることで学びは深まっていきます。

おもちゃのレゴブロックを使った学習プログラムに「シリアスプレイ」というものがあります。レゴブロックをいじりながら言葉にならない内なる思いや感覚を形にしていき、課題解決や共同創造、意思決定などに役立てる手法で、ソーシャルな活動やグローバル企業の経営にも導入されています。

シリアスプレイのなかでは、「手は脳よりも知っている」というキーワードが語られます。あれやこれやと考えあぐねて概念世界のさまよい人になるよりも、思考をオフにして手に語らせることで、本質や未来をつむぎ出そうというワークです。

また学びの成果は行動に現れます。プログラム終了後のアンケートなどでどんなに学びが深まったと書いたところで、その後の行動が変わっていないと、実際は本人の思い込みやそのときの感情だけで回答したという可能性もあります。「いろいろな人と話す機会が増えた」「ニュースや新聞をよく見るようになった」「投票には必ず行くようになった」など行動にフォーカスすることで、効果的に学習の成果を測ることができます。

論語の教えに「知行合一《ちこうごういつ》」という言葉があります。知れば行動は変わる。変わらないのは知らないのと同じ。知識と行為は一体であるという意味です。デジタル化、メディア化が急速に進み、からだと心が分離しがちな現代においてこの視点はとても大事なものだと思います。

自分の気持ちがわからない「心のゴミ屋敷」

次に「感情」です。これまでの学校教育では、どちらかと言えば感情を抑制することを強いてきたように思います。わがままを言ってはいけない、好き嫌いを言ってはいけない、自分のやりたいことだけを押し通してはいけない。

教師がクラス全体を管理するときには、確かに感情の抑制も大事かもしれません。しかし、幼い頃からあまりにも自分の感情を無理に抑え込みすぎると、予想もしないところで爆発したり、身体に不調を来したりすることもあります。また、そのような抑圧状態が常として続いていけば、成人する頃には自分の感情がどうなっているのか自分でもわからなくなってしまうこともあります。

ある大学で指導している幼児教育の先生に、こんな話を聞いたことがあります。

「今の若い子たちは、自分の気持ちをないがしろにし続けてきたことで『心のゴミ屋敷』になっています。自分が何をやりたいのか、何が好きなのか、何に憤っているのか、自分でもさっぱりわからなくなっている。学生たちの心の内側にはこれまで自分が大切にしてあげられなかった感情のかけらが散らばって、干からびて、もう自分ではどれがほんとうの自分の気持ちかわからなくなってしまっているんです」

その先生は、一人ひとり時間をかけて学生と向き合い、寄り添いながら過去の人生の物語をともにゆっくりと紐解いていくと言います。そうすると、ある時点で一気に感情が吹き出して泣き出し、嗚咽《おえつ》する学生も少なからずいるそうです。でも、そうなればまだいい方で、それでも自分を出せない学生についてはほんとうにこの先が心配だと言っていました。

社会が効率や合理性を大事にするあまり、子どもたちは幼い頃から大人の都合に合わせることを強いられます。習いごとをかけ持ちし、塾通いが始まり、幼少期にあることが望ましい完全に自由で何もない時間を経験することがなく、まるでビジネスマンのように何かに追い立てられるように日々を過ごしています。ほんとうに自分の好きなことだけに熱中できるような時間は得られることが少ないために、そのうちにほんとうは何が好きなのか自分でもわからなくなってしまいます。

学校に入ってからは、学力だけではなく、「関心・意欲・態度」が評価されるようになります（今回の学習指導要領の改訂で、「主体的に学習に取り組む態度」とまとめられました）。成績という結果だけではなく、そこに向かう「関心・意欲・態度」を見ようという考え方は、構造的には理解できるものです。企業においても仕事の結果だけではなく、そこに取り組む意欲やプロセスを評価しようという考え方があります。「関心・意欲・態度」と「成績」は、原因と結果の関係になっているので原因からアプローチしようという考え方の妥当性はあります。

しかし、「関心・意欲・態度」が子どもたちを直接評価する基準となるとどうでしょうか。私は大いに違和感があります。関心があるかどうか、意欲を持って学んでいるかどうかが評価され、内申点に反映され、進学にも影響するわけです。

そうすると、子どもたちは自ずと「関心・意欲・態度」があるかのように振る舞うようになります。反抗もせず、この時期特有の奔放な思いを抑え込み、教師の気に入る「いい子」を演じ続けるうちに、だんだんと自らの素直な感情は去勢されていき、どれが自分のほんとうの気持ちなのかわからなくなってしまいます。「心のゴミ屋敷」現象は、このことの一つの現れだと私は思っています。

もし「関心・意欲・態度」を評価するなら、それは生徒に向けた評価ではなく、教師に向けた評価基準であるべきだと思うのです。生徒の「関心・意欲・態度」を引き出すような授業ができたのかどうか、そのためにどんな工夫をしたのか、そのことを測り、授業改善や生徒との関係性をよりよくしていくための基準として活用するべきです。

思いっきり何かを好きだという気持ち、悲しみにしっかりと向き合い自分の真ん中で受け止めること、自分の尊厳が傷つけられたことに毅然と憤ること。人には、ポジティブな感情もネガティブな感情もありますが、それは本来どうしても抗いがたく自らの内側から湧き上がってくるものです。その感情をやみくもに抑えるのではなく、そう感じている自分をしっかりと見つめて、それをどのように昇華させるかを意識的に考えていくことで、感情とのいい付き合い方ができるようになります。そして、それを担うのが精神の仕事だと思うのです。

人間の思考がＡＩに置き換えられていったとき

次に「思考」です。今日の社会は全体的に思考偏重だと感じています。幼い頃から、文字を覚え、計算に熟練し、成績を競い、少しでも偏差値の高い学校に入ろうとする。頭がいい人が成功し、高い収入を得て、幸せになれるという幻想がだれをもこのゲームに駆り立てています。

しかし、私たちは思考にこれほどの絶対的地位を与えてもいいのでしょうか？　頭がいい人が立派な人だとは限りません。知識や知性は人類にとっての大事な資産であることは言うまでもありません。しかし、ＡＩの飛躍的な進化が、私たちの思考の力をそう遠くないうちに追い越してしまいそうです。それは、産業革命で起こった動力源の刷新が人間の身体の力をはるかに追い越してしまったことと相似形ではないでしょうか？

それまでは闘いに強く、たくさんの労働ができる人の肉体の力はとても大きな価値を持つものでした。しかし技術革新により発達した動力の力は、列車や船で大量の物資を輸送し、野山を切り開き町をつくり、雲にも届きそうな高層ビルを建てました。

その結果、人間の肉体の力はそれぞれの個体においてはなお大切ですが、社会を構成するメインの力ではなくなってしまいました。現代人は、せっせとジムに通って、社会では必要とされなくなった肉体の力を自分のために賦活しようとがんばっています。

このように人間の思考がどんどんＡＩに置き換えられていったとき、人間の思考の力が社会を構成するメインの力ではなくなるときがくるかもしれません。そのときは、感情や精神へのフォーカスが高まるのではないでしょうか？

学校教育は社会の思考偏重が如実に反映されています。教育界の最大の関心事は、思考力の向上、偏差値のアップ、受験合格です。思考力が高まることが個人の人生を豊かにすることは間違いないと思います。

しかし、真に子どもたちが幸福な人生を歩んでいくためにはそれだけでは足りないと考えています。身体性を伴った知行合一の思考、人の痛みがわかり自らの感情とも向き合いながらの思考、自らの存在意義に立脚した精神から立ち上がる思考が大事だと考えています。

精神の成長を促す

このように、身体、感情、思考は相互に連携しながらも、いずれも精神と協働することで本来の高い機能を発揮していきます。無から有を生み出す力。まったく異なる考えを持っている人たちを一つにまとめていく力。前提が整わなくても前に進む力。身近にいる人はもちろん、目の前にいない人にも愛情を持ち、その幸福を願うことができる力。それらは精神の力です。

私は、仕事においても、学びにおいても、自らの精神を高めていくことが究極の目的だと思っています。高い精神は、人生に自由度を与え、周りの人にもいい影響を与えます。むずかしい局面でも屈することなく、冷静に状況を分析して、創造的に課題を解決していくことができます。思考力が高いだけでは問題解決はできません。真の問題解決には必ず精神の力が必要です。世界平和が実現するのも、ＳＤＧｓが達成されるのも、最後は私たち人類の精神性がどこまで高まるかにかかっていると私は思うのです。

近年おもにビジネス界で注目されている「成人発達理論」という心理学の分野があります。ハーバード大学の発達心理学者、ロバート・キーガン博士は「人は生涯にわたり成長し続けることは可能である。リーダーシップの源泉は、人は何歳になっても世界を認識する方法を変えられるということにある。現代社会のニーズに応えるためにもそれが不可欠である」という考えを提唱してきました。

図9　成人発達理論における２つの成長

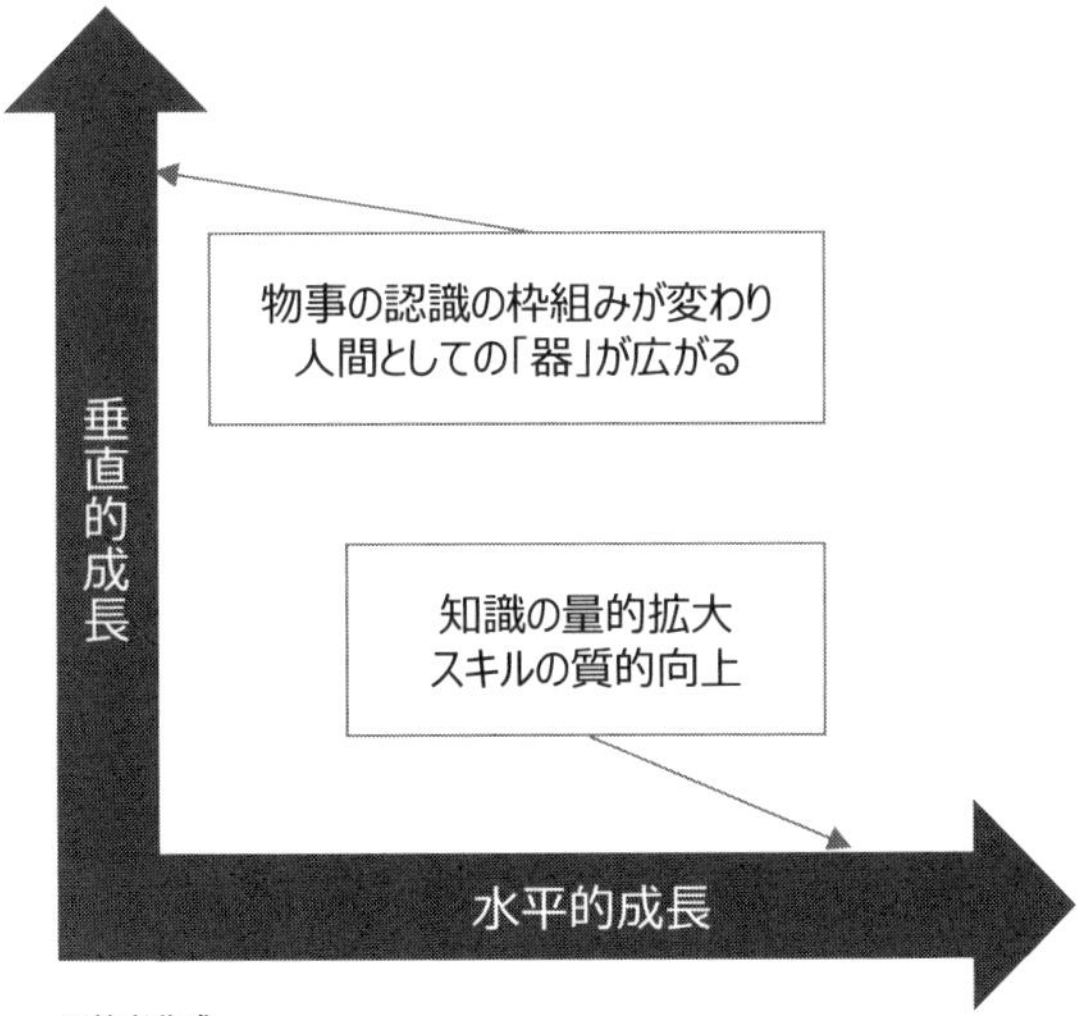

※筆者作成

キーガン博士は、成長には、水平的成長と垂直的成長の2つがあると言っています（**図9**）。水平的成長は、たとえば英語ができる、会計がわかる、プレゼンテーション力を身につけたなど、知識とスキルを獲得していく成長です。一方、垂直的成長とは、物の見方や考え方が変わり、人間としての器が拡大していくような成長のことです。「一皮むけた」と表現されたり、人間力がついたなどと語られる、測ることがむずかしいが、人間のベースとなる成長です。

この垂直的成長とはすなわち、精神の発達だと私は思うのです。

精神は、創造の源でもあります。論理を積み重ね検証したりするのは思考の仕事ですが、まだ見ぬものを生み出すのは精神の仕事です。卓越した芸術作品、先進的経営者の仕事、革新的な新商品やビジネスモデル、日常の暮らしのなかにも創造性は発揮されます。だれもが使うことができる力であり、伸ばすことができる力です。

しかしながら、今の学校教育では創造性の育成という視点が不足していると思っています。創造性の教育と言えば、すぐに美術、音楽などの教科のなかに収斂《しゅうれん》させてしまおうとする人が多いかもしれません。それらの教科は確かに創造性を象徴する教科ではありますが、しかし、本来の創造性は教科の枠をも越える大きなものだと思うのです。

いろいろな経験をすること、内省すること、対話をすること、自らの思い込みを手放し更新することで、精神の成長を促すことができます。そのことは教科学習やその他の学習活動でも十分に可能なことだと考えています。

探求を通じて精神が成長する

クエストの授業を経験した生徒たちには、まさにこのような精神の成長が起こっています。「成人発達理論」は文字どおり、成人の発達を扱うものではありますが、早期に桁違いの情報処理をするようになった現代の子どもたちは、10代の早いうちからそのような変化が起こる可能性があると言われています。

学校教育において、テストの点数は測ることのできる力です。それは大事な力です。しかし、学力以外の部分、人間としての成長は測ることがむずかしい力です。非認知能力などとも言われていますが、やり抜く力、協働する力、創造する力など、このような力を支えるのが精神の働きです。目に見える力だけではなく、目に見えない力も伸ばしていくことがこれからの教育においてはとても大切ではないでしょうか。

クエストでは、生徒たちの精神の成長が感じられる場面によく遭遇します。不登校だった生徒が毎日学校に来るようになった。バラバラだったチームが意見や感性の違いを乗り越えて見事に一つにまとまった。全国大会までのほんの数週間でプレゼンテーションがまるで別人のように進化した。先生に悪態をついてばかりいた女子生徒が卒業の日に感謝の花一輪を先生の机に置きに来た。ほんとうに数え切れないくらいの事例があります。

この本で紹介したような事例もすべて子どもたちの、そして子どもたちを支える先生たちの精神性の発露が大本にあると考えています。クエスト導入校のなかには、進学実績が飛躍的に伸びる学校があります。難関校の合格者数が数年で2倍、3倍という学校もありますが、これは単に子どもたちの「思考」の力が向上したからだけではないと思っています。探求を通じて、学ぶことの意味や喜びを知り、社会と自分を知り、そのことで精神レベルでの大きな成長があったのだと思っています。

「私たちは宇宙より自由だ」

沖縄のある公立高校でクエストのソーシャルチェンジというプログラムを実践したとき、たいへん印象深いことがありました。

ひとつのグループの中心にいたのはたいそう気の強そうな女子生徒です。強権的なリーダーシップをとる子で、クラスの中心人物でもありました。まわりも、そんな彼女に気を使いながら距離を測っているような状況です。彼女が「なにか質問ある？」と聞いても、他のメンバーは威圧されているように感じて思うように意見を言うことができません。実際彼女自身も、他者のコメントを反対意見と受け取ってしまうので、企画の検討がなかなか進みません。異なる意見を参考にしながら、違う角度でもう一度企画を見つめなおすということがむずかしい状況になりました。

なにをどう改善すればよいのかわからない。重く苦しい時間が続きました。これまでは自分の力だけで困難を乗り越えてきたであろう彼女にとって、どうしてよいかわからない体験だったと思います。

しかし、もともと勘のいい彼女は、仲間のふとした発言から自分とは異なる意見にも価値があることに気がつきます。彼女は理解力もあり、目的意識も明確ですから、心の扉を開けば話し合いはどんどん活発になります。最後にはチームで素晴らしいプレゼンテーションをしてくれました。

しかし、驚いたのは発表の内容そのものよりも彼女が書いた振り返りのシートです。「Free 私たちは宇宙より自由だ。」ということばが大きく、力強く、振り返りのシートに書かれていました（図10）。カラフルな宇宙のイラストがシートいっぱいに描かれ、本文はこう続きます。

「自由だなと思いました。可能性は無限で周りを受け入れてまたさらに自由が広がる。そんな風に感じました。自由に生きることで周りを受け入れられる余裕が生まれる。楽しみながら。受け入れながら。可能性を信じて、自由に生きたい。」

私はこのシートを見て、衝撃を受けました。彼女が自分自身を開放した勇気とそのとき感じた世界の瑞々しさがどれほどのものかと思うと涙があふれ

図10　「Free私たちは宇宙より自由だ。」

てきました。この経験は、これからの彼女の人生をどれほど変えるだろうか？　社会に出て働くようになり、多くの人たちとかかわるようになるかもしれませんし、もしかしたら家庭を持つかもしれません。あらゆる場面において、今回の彼女の精神の成長は、彼女自身にも、周りの人々にも、ポジティブな影響を与えることと思います。このような精神の発達こそが探求の大きな目的であり、それが「成熟」というのだと思いました。

日本の高齢化は、世界最速で進んでいます。しかし、単に歳を重ねて周りが老人だらけになることが成熟社会ではありません。すべての人が自らの精神を存分に発達させ、それゆえ自由になり、優しくなり、創造的になる社会。それが成熟社会です。日本はそのことで世界の手本となることが可能だし、そうしなければならないと私は思っています。

心理的安全性、マインドフルネス、デザイン思考、アート思考が世界的に注目されているのは、どれも思考の力だけでは解決しない問題を解決するために、精神に注目しようという潮流だと私には見えます。教育の場においてももっと精神性を高めるための取り組みをする必要があるのではないでしょうか？　道徳の教科化はその処方箋にはならないのではないかと私は考えています。それはおおむね外からの規範の押し付けに終わりそうです。答えは自らの内側にあり、学校で探求に取り組むことのゴールはそこにあると私は思うのです。

おわりに

新聞社時代も含めたこれまで20年間にわたる教育実践について、このようなかたちで本にできたことをなにより嬉しく思います。独りよがりの読みにくい文章だったかもしれませんが、ここまでお付き合いいただいた読者のみなさんに心より感謝します。

振り返れば、この20年の道のりこそが、私自身にとっての探求そのものでした。教育についてのたいした知見も持たず、何をどのように始めたらいいいのかさっぱりわからず、正直言えば自分がどこに行きたいのかすらよくわかっていなかったかもしれません。

ただ、止むに止まれぬ衝動に突き動かされて走り始め、何度も転びながら、多くの人に支えられ、助けられ、導かれてここまできたというのが正直なところです。この間に私自身の意識や考え方も大きく変わりました。そして、その変化は世の中の変化と相似形をなすものでした。

私は高度経済成長期にこの世に生を受けました。父は起業家でした。次々と新しい事業を編みだしては成功させていく父の背中を見て育った私は「競争は是である。そこに参加しないやつはおもしろみのないやつだ」という考えを持って少年期を過ごしました。

大学時代には国鉄と電電公社が民営化され、料金は下がりサービスは向上するという経験をしました。市場原理に任せることで物事はうまくいくという考えが自分の中に刻まれました。

バブル景気真っ只中の１９８８年、日本経済新聞社に入社し、その翌年にはベルリンの壁が崩壊、東西冷戦時代に終止符が打たれました。世界中に新自由主義の風が吹き、「規制緩和」「市場原理」「自己責任」という言葉が声高に語られるようになりました。私はあまりにも当然のようにそのような考え方を受け入れていました。

しかし、教育の仕事を始めた頃から少しずつその考えは変わり始めました。生徒たちが探究学習を通して想定を大きく超えて成長していくさまを目の当たりにし、一人の人間の可能性の大きさに気づかされました。そして、それを支える先生という人々の真摯さ、寛容さ、人間的な魅力と心の深みに触れるうちに、経済成長よりも、そのずっと手前にもっと大切なものがあると思うようになりました。合理性だけですべてを割り切ることはできない、数字で測れるものよりもむしろ測れないもののなかにこそ、本質的な価値がある。そんなふうに考えるようになりました。

実際のところ、市場原理は万能ではありませんでした。この20年の間に、勝者は勝ち続け、敗者は負け続けるという構造がいっそう強化されました。GAFAが世界中の富を吸い上げ80兆円もの売上をあげるなかで、世界人口の1割を超える8億人の人が飢えに苦しんでいます。

日本の企業は売上が伸び悩むなかでも利益を確保し、配当金を増やし内部留保を溜め込みました（配当金、内部留保ともに過去最高を連続更新中です）。しかし、労働者の賃金はこの間まったく伸びていません。

非正規雇用者の割合は増加し、賃金格差は開いたままです。日本の相対的貧困率の高さは国際的に見ると米国に次いでG7中ワースト2位。さらに、ひとり親世帯ではOECD加盟35ヵ国中ワースト1位になっています。大企業は富み、シングルマザーのような社会的弱者に大きなしわ寄せが来るという社会が出現しています。

これだけ豊かになった大東京の真ん中で、ひもじさに耐えられずティッシュを食べながら死んでいく子どもたちがいるという現実から目をそらすことはできません。「自己責任」ということばを私たちのやましさの免罪符として使ってはいけないのです。

私は自らの内なる新自由主義と向き合い、決別しました。競争を否定はしないが、それの位置するところは社会の真ん中ではない。なぜなら私たちは競争するために生まれてきたのではないからです。私たちは自らを育て、開放し、創造し、貢献し、歓びに満ちた人生を生きるために生まれてきたのだと私は思っています。私は教育を通じてそんなふうに生きる人を増やすために残りの人生を使おうと決めました。

世界は、今なお過度な競争が支配し、格差が拡大し、分断されています。コロナ禍がそれに拍車をかけています。この暗澹たる現実の先に、すべての人が幸福になれる明るい未来が果たしてやって来るのでしょうか？

クエストを通じて、子どもたちは人類にどんな未来が来るのかを教えてくれます。奪わなくても与えることで成り立つ社会。すべての人の尊厳が認められる社会。創造の歓びに満ちあふれた社会。誰ひとり取り残さない社会。そして、そのような社会はほんとうに実現することが可能であることを彼らの精神は知っています。私たちは彼らに学びながら、ともにそのような社会をつくっていくことにそろそろ本気で向き合わなければなりません。

子どもは未熟な大人ではありません。すでに彼ら、彼女らの中に完全なるものがあります。学校は不完全な子どもを矯正したり、修理したりして出荷する場所ではありません。命を育む場所です。そしてそのように機能させるために必要なことは、私たち大人が学びや自分自身に対する認識を更新することです。

「大人とは萎縮した子どもである」

これは英国の劇作家、キース・ジョンストンの言葉です。私たちは、ただ損得勘定に埋め尽くされただけの日々を送っていないでしょうか？　事情や都合に押し流されて無為に過ごしていないでしょうか？　誰かのせいにしてあきらめの人生を生きていないでしょうか？　私たちの精神は生きて、輝いているでしょうか？　そうであれば子どもたちは自ずと輝き始めます。萎縮した大人がしたり顔で子どもたちを萎縮させるのです。

探求することは、私たちがそのように窮屈な予定調和の世界から抜け出すことを手助けします。すべての人にとって探求＝クエストは必要なことです。今ある前提を疑い、問いを立てること、ほんとうに価値あると思えるものを選ぶこと、常に自らの世界観を更新する可能性とともにあること。予測困難なこの時代を、大人も子どももクエストすることで、たくましく、自分らしく生ききってほしいと思っています。

最後に、創業から16年間にわたり、私とともに、探求の道のりを歩んできてくれた、社内外の仲間たちに心からの感謝を捧げたいと思います。ここまで、すべての仕事をまるで私ひとりでやってきたかのように書いてきましたが、事実はまったく異なるものです。ここにあるものは、創業以来、教育と探求社に身を置き、ともに探求し、願いを持って価値を創造し続けてくれたすべての社員たちの愛と情熱と知恵の結晶です。これは奇跡のようなことだと思っています。

そして、そんな私たちを見守り、支え、導いてくださった、多くの先生方、クエストにかかわった企業のみなさん、大学生スタッフや社外のパートナーの皆さん、へたっぴな経営で何度もつまずきましたが、皆さんのおかげで今日までやってこれたこと、ほんとうに感謝の言葉しかありません。

そして、いよいよ大きく変わるこの時代のなかで、私たちの仕事はますます重要になっていくと考えています。これからも皆で力を合わせて、大笑いしながら、私たちの責務を果たしていきたいと思います。これからも教育と探求社をどうぞよろしくお願いします。

宮地勘司（みやじ・かんじ）

教育と探求社 代表取締役社長
1963年長崎県生まれ。88年立教大学社会学部卒業。同年、日本経済新聞社入社。02年、自らの起案により日本経済新聞社内に教育開発室を創設する。新聞資源を活用した教材開発に取り組む。04年11月、教育と探求社を設立。代表取締役に就任。

●教育と探求社
https://eduq.jp/

●ティーチャーズ・イニシアティブ
https://teachers-i.org/

探求のススメ
——教室と世界をつなぐ学び

2021年3月10日　第1刷発行

著者　宮地勘司
発行者　福山孝弘
編集担当　岡本淳之
発行所　株式会社教育開発研究所
〒113-0033　東京都文京区本郷2-15-13
TEL.03-3815-7041 ／ FAX.03-3816-2488
https://www.kyouiku-kaihatu.co.jp/

装幀デザイン　株式会社キャメロット（ymd/design）
本文デザイン　渡部 伸（スローガンPK2）
印刷所　株式会社光邦

ISBN　978-4-86560-536-5